El barro y el silencio

Sudaquia
editores

New York, NY.

Colección Énfasis

El barro y el silencio

Juan David Correa

Sudaquia Editores.
New York, NY.

Índice

Para Luis y Otilia, mis abuelos,
perdidos en el barro.
Para mi mamá, Consuelo,
liberada del silencio.

13 de noviembre de 1985

El domingo los niños
cazaban perdices en el monte.
Perseguían a las aves pardas y veloces
entre los dedos de madera de los arbustos
bañados de polvo. En la tarde mansa de las haciendas
escucharon el mugido del ganado acalorado y sediento.
El lunes sintieron el murmullo del agua
corriendo por los canales de riego.
Iban al colegio en la mañana tersa
de las hojas y entre las manos cogían
los granos vivos del sorgo
y los mojaban en la saliva de la boca.
El martes le llevaron el almuerzo
A los hombres que trabajaban en los cultivos.
Vieron los arrozales verdes del agua. Los campos
de millo. El viento oblicuo refrescando
las espigas y los brotes resecos. El sol
alto parecía hundir en los tameros

las cabezas de los labriegos.
Y el miércoles volvieron a la casa con las mujeres
después de la misa de seis. El alumbrado eléctrico
aclaraba ya la avenida desde la estación
de servicio hasta el manicomio. En la casa
empezaron a adormecerse bajo la luz
metálica de la pantalla del televisor.
Los despertó el ruido
enorme de las montañas. Los gritos
de la gente en la oscuridad. Ya bajaba
el brazo grande del agua levantando las paredes
de barro y de piedra congelada
¡Salgan niños! ¡Corran hacia el cerro!
¡Salgan en la noche desnudos y encarámense en el cerro!
¡No pierdan un minuto niños, miren como el lodo
lo sepulta todo bajo sus mantas espesas!
¡Corran niños, corran hacia el cerro con la brisa y la grama dulce
que les quede de recuerdo entre los ojos!

Gonzalo Mallarino Flórez

El barro y el silencio

El barro y el silencio

No sé cuántas veces he tratado de escribir un libro sobre este tema. Escribí, hace años, un cuento titulado Tragedias naturales. Ese iba a ser el nombre de este libro. Pero eso no importa. Se trataba de una pareja de ancianos que reflexionaba sobre su vida el mismo día en que sobrevenía una catástrofe muy parecida a la de Armero. Lo he reescrito una y otra vez desde entonces, así que aparece en todos mis computadores, mis USB, mis sueños, mis columnas, y hasta ciertos testimonios escritos para revistas. Después de ese cuento, comencé una novela que no sé si algún día podré terminar. El título era el mismo. Estoy persuadido de que no es gran cosa. Pero creo que encierra algo que me preocupa desde que tengo uso de razón: según la Real Academia, la tercera definición de natural es algo "hecho con verdad, sin artificio, mezcla y sin composición alguna". Y me parece que las tragedias humanas son naturales casi siempre. Es decir, suceden porque tienen que suceder, porque por más empeño en que se ponga nada pudo desviar el cauce de un río, la corriente marítima que arrasó algún poblado en el Pacífico sur, o de manera reciente, el temblor que sacudió a Haití, esa isla olvidada por la humanidad que se convirtió, después de la tragedia, en un símbolo de lo poco que sabemos los unos de los otros en este mundo presuntamente globalizado. Y lo poco que nos importa.

Aunque sobre la idea de las tragedias naturales hay un fuerte debate en el mundo, pues hay quienes dicen que son más artificiales que cualquier otra cosa debido al modelo de desarrollo de nuestra sociedad incapaz de interpretar a la naturaleza creando, ignorando, o sumiendo a la gente más pobre en riesgos que no pueden entender (el terremoto de Los Ángeles fue mucho más fuerte en Haití, pero no ocasionó ni el 5% de las víctimas de este), mi idea, también, es pensar la tragedia como algo intrínseco al ser humano. Es verdad que la prevención es el primer eslabón capaz de amortiguar los daños, como se demuestra en uno de los capítulos de este libro, en el cual se da cuenta de las voces que quisieron alertar a la población y a las autoridades sin que nadie los oyera, pero también lo es que los seres humanos somos obstinados, tercos y estamos convencidos de que, nada de lo que hemos visto pasar en otras latitudes, podrá ocurrirnos a nosotros. Hasta que nos ocurre.

El mismo día en que me senté a escribir sobre Armero, un domingo en el cual le anuncié a mi madre la idea de que nos sentáramos a conversar sobre su pasado, leí la siguiente nota en un despacho de la AFP: "Diez ciudadanos estadounidenses fueron detenidos en la frontera de Haití con República Dominicana como sospechosos de haber "robado" 31 niños en el marco de una red de tráfico humano, afirmó el sábado en Puerto Príncipe un ministro del Gobierno haitiano".

"Cinco hombres y cinco mujeres con pasaportes estadounidenses fueron detenidos el viernes por la noche en la frontera con niños de entre dos meses y 12 años de edad, anunció el ministro de Asuntos Sociales y del Trabajo, Yves Christallin. La portavoz de la Embajada de EEUU en Haití no respondió a la afirmación al ser consultada por la AFP".

"Los adultos iban acompañados por dos ciudadanos haitianos y, según el ministro, también están implicados dos pastores, uno en Haití y otro en la ciudad estadounidense de Atlanta. "Es un robo, no una adopción", recalcó Christallin, quien dijo que los estadounidenses no tenían los papeles adecuados para sacar a los niños legalmente del país, ni cartas de autorización de los padres".

Esa historia ocurrió también en Armero. Con esa historia ha vivido desde hace 25 años María Eugenia, una amiga de mi madre que perdió sus hijas de apenas 9 y 14 años, así como a toda su familia. A ella también le dijeron que habían visto aviones con extranjeros llevándose a sus pequeñas hijas. Su vida, durante largos años, fue un infierno. Un infierno que la llevó, como me lo contó, a sumergirse en una locura de la cual casi no sale.

Este libro es un testimonio. Sólo eso. La única pretensión fue dar cuenta de una serie de conversaciones que tuvieron lugar gracias a que decidí no escribir una novela. De haber sido así, no habría querido que mi mamá me contara su vida de manera minuciosa. Ni la gente a la que me ayudó a contactar. Este libro es, en ese sentido, tanto de ellos como mío.

La tarea de la ficción no es rebuscar y confrontar versiones del pasado para armar un relato, como sí lo es la de la crónica. La ficción es contar tal y como se recuerda. Y cuando no se recuerda, uno llena esos vacíos con la imaginación. A veces la imaginación no sirve cuando se trata de una tragedia tan brutal como la de Armero, ese pueblo del Tolima que desapareció del mapa hace veinticinco años, dejando a muchos con la sensación de que jamás en su vida podrían volver a encontrar sosiego.

Quiero agradecer a César Murad, Juan Antonio Gaitán, María Eugenia Caldas, Armando Ulloa y Francisco González por su tiempo y amable disposición de recabar en la memoria y volver a hablar de un tema que parece sepultado por la prensa. También a Gustavo Álvarez Gardeazábal quien me abrió las puertas con su libro a un par de respuestas que necesitaba para convencerme de la posibilidad de escribir el mío. A mi padre, Hernán Darío Correa, sociólogo y editor, a quien le debo también muchas lecturas y referencias que aparecen aquí, así como miles de conversaciones en las cuales hemos compartido la vida. Sus palabras, cuando revisaba el borrador del libro, me sirvieron para entender que nuestros diálogos y duelos son compartidos. A mis hermanos, Manuela, Dominique y Daniel, por su fidelidad y cariño. A mi esposa, Marcela, y a mi hija Ema, las dos parte de esta historia que empezó en una finca en Mariquita, y gracias a quienes los días son más largos, más felices y más vívidos.

Y claro, este libro es para mi mamá, Consuelo Ulloa, quien en una época difícil de su vida decidió abrir el tapón del pasado para enfrentar un dolor con el que crecimos familiarmente. Su solidaridad, persistencia, tiempo; su lectura atenta, sus correcciones, su cariño, amor e insistencia, hicieron que este libro existiera.

*

La mañana del 13 de noviembre de 1985 fue gris. Noviembre suele ser un mes lluvioso en Bogotá, uno de esos meses que son como estaciones invernales antes del verano. Abril, por ejemplo, antecede al sol de mayo y de junio, y noviembre al verano decembrino. Tal vez no haya existido en la historia de Colombia un noviembre como el de ese año. O quizá me equivoco, pues desde hace sesenta años, muchos meses han sido negros para la historia del país. Lo cierto es que nunca antes, en tan sólo ocho días, habían ocurrido dos tragedias como las que sucedieron entre el 6 y el 13 de noviembre de 1985.

El 6 de noviembre, a eso de las 11 de la mañana, un comando de 32 personas del M-19 entró al Palacio de Justicia, al mando de Andrés Almarales y Luis Otero, y tomó como rehenes a unas mil personas que se encontraban en el edificio de la Plaza de Bolívar. Entre el 6 y el 7 de noviembre, cuando el ejército decidió tomarse por asalto el Palacio a sangre y fuego, el país estuvo suspendido en una suerte de película de acción que tuvo todos los ingredientes de una conspiración. Creo que quienes crecimos en esa década no podremos olvidar la voz de Alfonso Reyes Echandía, presidente de la Corte Suprema de Justicia, clamando por radio que cesaran los ataques del ejército. Ni tampoco la entrevista que dio el coronel Alfonso Plazas Vega, en la que le dijo a una periodista que estaba "defendiendo la democracia, maestro." Sin embargo, lo ocurrido ese día no se supo sino muchos años después gracias a libros e informes que dan cuenta de lo pusilánime de un gobierno cercado por los militares.

En esos dos días murieron alrededor de cien personas y doce más fueron desaparecidas y torturadas por el ejército colombiano. El 6 y 7 de noviembre, un tanque cascabel se adueñó de la Plaza de Bolívar y fusiló al organismo central de la justicia colombiana. El 6 de noviembre, la entonces ministra de comunicaciones, Noemí Sanín Posada, mandó a callar los noticieros que dieran cualquier información sobre los hechos del Palacio y pidió que se transmitiera un partido de fútbol lo que, en aquella época, era poco frecuente.

Durante esos dos días ningún miembro del gobierno arriesgó una salida distinta a la de una toma que fracturó, como el Bogotazo, la historia del país. Durante dos días, en frente de uno de los símbolos del establecimiento colombiano hubo una masacre que hoy, veinticinco años después, no ha podido ser resuelta del todo.

Ese 6 de noviembre yo tenía nueve años, estudiaba en el Colegio San Viator, al norte de Bogotá, y fue la primera vez que sentí que la historia de este país tenía que ver conmigo. Vivía con mi madre, mi hermano y mi padrastro en Usatama, una urbanización en el centro de Bogotá, en la calle 22 con carrera 30. Puedo recordar ese día gracias a dos noticias. La primera: la empleada del servicio nos recogió en el paradero del bus diciendo que la oficina en la que trabajaba mi mamá estaba siendo bombardeada. La segunda: después de las siete de la noche, cuando mi mamá, la abogada Consuelo Ulloa, llegó a sacarnos de la equivocación pues trabajaba en la Superintendencia de Notariado y Registro, y no en el Palacio de Justicia, comenzaron a verse en el cielo resplandores de las explosiones.

El clima nacional, a mediados de los ochenta, era de miedo y zozobra y produjo una estela de crímenes muy parecida a la ocurrida siete años antes, cuando el presidente Julio César Turbay decretó el Estatuto de Seguridad, concediéndole una autonomía a las fuerzas militares para ejercer justicia por su propia mano. Muchos de los magistrados que estaban el día de la toma del Palacio investigaban, precisamente, los desmanes cometidos por las fuerzas armadas en contra de presuntos simpatizantes del Eme y de la izquierda colombiana. Con el ascenso de Belisario Betancur al poder, en 1982, muchos creyeron en la esperanza prometida de una paz que nunca llegó. Las palomas blancas adornaban los muros de Bogotá mientras unos diálogos planteados con sigilo eran blanco de una guerra sucia orquestada por los militares que en secreto pensaban que Belisario, como todo el mundo le decía en Colombia a ese hombre de hablar arrastrado, era una vergüenza para la presunta institucionalidad colombiana. Esos diálogos comenzaron a romperse un año antes cuando un comando del ejército bombardeó el campamento del M-19 en Yarumales, Cauca. A partir de diciembre de 1984, cada mes las muertes de los simpatizantes del Eme se hicieron moneda corriente. Uno de sus líderes, Carlos Toledo Plata, fue asesinado en agosto de ese año. Luego hubo enfrentamientos urbanos en barrios como Siloé, en Cali. El Eme pareció perder la ruta de un supuesto diálogo nacional tan solo apoyado por unos pocos y en abril de ese año rompió las negociaciones de paz.

Álvaro Fayad, Andrés Almarales, y el comando central en el que figuraban Carlos Pizarro, Antonio Navarro, Iván Marino Ospina, y Luis Otero decidió que había que enfrentar al establecimiento remeciéndolo con una acción parecida a la toma de la Embajada de República Dominicana, ocurrida en 1980, cuando un comando se tomó la sede diplomática de la calle 49 con carrera 30, en Bogotá, durante casi dos meses, del 27 de febrero al 25 de abril, saliendo triunfadores después de una negociación que terminó con un millón de dólares y un exilio en Cuba de los combatientes del Eme. Animados por esa experiencia previa, planearon el asalto al palacio para el 17 de octubre pero su plan fracasó cuando se descubrieron varios planos arquitectónicos en poder de un miliciano del Eme.

Los hechos del Palacio invadieron por esos días la televisión y los periódicos. Yo estaba en los días finales del colegio y lo que ocurrió ese día se disipó con la alegría de salir a vacaciones, de la espera que entrañaban todos los noviembres que presagiaban la navidad. No supe mucho más del Palacio hasta que crecí. Ese, como muchos otros hechos de la realidad nacional, se irían apilando en mi memoria como fotografías del terror que competían, unas con las otras, por el primer puesto. Durante los siguientes cinco o seis años no hubo un mes en el que no se conocieran noticias funestas y desastrosas con las que crecí como si fueran naturales, partes de un paisaje que se nos antojaba, a mis amigos y conocidos, parte de nuestra vida. Tan natural era todo que vimos explotar un avión en el aire, sentimos cómo una bomba en el edificio del DAS, a tan sólo tres cuadras de donde vivíamos, destrozaba los vidrios de nuestras casas, y nos dejaba con la sensación de que algo extraño ocurría en nuestras vidas, de que estábamos en un país que era así, que no tenía remedio. La guerra fue, para nosotros, apenas unos muchachos de clase media, el espectáculo cotidiano que no tenía nada de extraordinario.

*

Cuando mi mamá comienza a contarme esta historia, la tristeza quiere salírsele por la boca. Por los poros. Por la piel de sus 158 centímetros de estatura. Está algo nerviosa. Habla con afán para no perder detalles. Sus manos se mueven y me recuerdan cosas del pasado. Las manos siempre dicen algo. Recuerdo, por ejemplo, las manos sudorosas de la abuela Otilia Ulloa, manos pecosas que me abrazaban cuando ella, mi madre, me dejaba a su cuidado en ese pueblo que se convirtió, con el tiempo, en una impronta que ella carga con dificultad. Armero. De eso se trata.

El 13 de noviembre fue un miércoles y también hubo fútbol. Alguien dijo que también, por la amenaza de la erupción del Ruiz, habían mandado a transmitir un partido entre Millonarios y Cali. Hacía dos días se había realizado, a pesar de todo, el reinado de belleza en Cartagena que ganó Otilia Mónica Urbina.

Ese miércoles, mi mamá, Consuelo Ulloa, no vio los noticieros. Se acostó temprano. No supo que a las 9:40 de la noche el volcán nevado del Ruiz había entrado en erupción. Ni que Hernán Castrillón Restrepo, presentador del noticiero TV Hoy, había dicho que, al parecer, el cráter Arenas mostraba una preocupante actividad. Ella no se enteró de que, a eso de las 11:20 de la noche, la lava hizo que el hielo se convirtiera en miles de litros cúbicos de agua que bajaron por el río Lagunilla, que pasaba justo por Armero, llevándose todo lo que encontró a su paso. Todo. Su infancia. Su adolescencia. La casa donde creció. El club Campestre de su adolescencia. La plaza en la cual veía jugar parqués a su padre, Luis Ulloa. No supo nada de eso. No supo de la desesperada llamada del alcalde a la Defensa Civil, a las 11:25 de la noche, diciendo que su casa se estaba llenando de agua.

Mi mamá se durmió pensando en la conversación que había tenido con mi abuelo el domingo anterior. Él insistía en que le ayudaran a conseguir un apartamento en

Santa Marta, en el Rodadero, para mudarse allí si algo ocurría. El apartamento, hasta entonces, no había aparecido por ningún lado. En cambio, el circunspecto Luis Ulloa, ese hombre que caminaba con los brazos siempre cruzados hacia atrás, que vestía de blanco impoluto y miraba desde el fondo de alguna parte, le decía a mi mamá y a sus hermanos que cuando ocurriera algo alzaría el teléfono y llamaría a su conductor y amigo, Luis Peña, o Satanás, como le decían, para que los sacara del pueblo ante cualquier eventualidad. Eso tampoco ocurrió.

A las cinco y media de la mañana del 14 de noviembre sonó el teléfono. Era una vecina, Marta Lucía Palacio, que a esa hora estaba oyendo radio.

—¿Oíste las noticias?

—No, ¿qué pasó?

—Algo con el nevado del Ruiz. Algo pasó en Chinchiná.

Chinchiná es un pueblo a 30 kilómetros de Manizales, en el departamento de Caldas, que hasta ese entonces era mucho más mencionado como probable escenario de la catástrofe que ocurriría de entrar el volcán en erupción. Marta Lucía no dijo nada más. No quiso precipitar lo inevitable. Mi madre cogió el teléfono. Una y otra vez marcó el número que discaba cada dos días y no encontró respuesta. 5501. No prendió la radio pues a esa hora, con la oscuridad aún reinando, lo único que se le ocurría era que, a lo mejor, mis abuelos le iban a contestar. Pero no. Nadie respondía. Dejó el teléfono y al minuto entró una llamada. Era su hermano, Armando.

—Pasó algo grave en Armero. Alístese que nos vamos para allá.

Mi tío Armando era amigo de Carlos Martínez Sáenz, en ese entonces director del Socorro Nacional de la Cruz Roja Colombiana, pues lo atendía en su consultorio odontológico. Un día en el consultorio, unos meses antes de la tragedia, se mostró preocupado y le pidió que lo invitara a un whisky. "Yo sé que su papá y su mamá viven en Armero, sé que hay un peligro inminente, pues se está formando una represa arriba en el Lagunilla formada por una roca gigante. Yo he estado bregando para que la gobernación del Tolima explote esa roca. Mientras tanto, mandé a instalar un puesto del Socorro de la Cruz Roja para que ellos vigilen y cualquier cosa que veamos pues llamamos. Solo quiero advertirle que estamos preocupados", le dijo Martínez.

Alertado por esa noticia viajó a Armero con mi mamá para hablar con mi abuelo. "Yo le dije que alistara una maleta con las cosas más importantes, y metiera en la bodega del carro los papeles de los títulos de valor, porque se podía venir una inundación y era mejor estar prevenido". Eso fue el 30 de agosto de ese año. Yo también fui a ese viaje pero no tengo ningún recuerdo de la última vez que alguien de la familia los vio con vida. "El doctor Martínez me dijo, continúa mi tío, que el peligro de las emisiones de ceniza consistía en una probable erupción en la cual la lava podría derretir la nieve y desencadenar una avalancha. Podría producirse un golpe de ariete sobre la famosa roca de la represa y Armero se inundaría. Nosotros no le insistimos a mi papá en que saliera de Armero porque la gobernación del Tolima decía, una y otra vez, que no había ningún peligro pues el volcán estaba a 84 kilómetros de distancia, y eso no pasaría de una inundación. Nadie advertía del peligro real. La alcaldía de Manizales, por ejemplo, decía que no iba a pasar nada. Pero pasó".

Nadie se movió de Armero porque en 1951 una inundación producida por el Lagunilla no produjo más que unos cuantos arroyos en las calles. Nadie podía creer en la magnitud de la avalancha. El ancho fue de 4 kilómetros. Y se llevó la totalidad del pueblo.

Mi tío se enteró de lo sucedido en la madrugada del 14 de noviembre por una llamada de su tío Luis, quien le dijo que alguien lo había llamado diciéndole que había ocurrido una erupción y que Armero estaba barrido. "De inmediato llamé a Carlos Martínez Sáenz. Le dije, Carlos, mirá esto, y él me dijo: sí, hubo una avalancha, vete para Ibagué, ya llamo a Lozano (el director de la Cruz Roja) para que te dejen pasar".

Entonces fue cuando llamó a mi mamá.

Ella no le respondió nada. ¿Y los niños? ¿Y la plata? ¿Y el permiso en la oficina? Ahora, cuando me dice qué fue lo que sintió en ese momento, me quedo mirándola, pensando en cómo los asuntos triviales siempre se atraviesan en la vida ante la inminencia de las tragedias. Y no prendió la radio. Mi prima, una norteamericana de apenas 22 años estaba haciendo una pasantía en literatura en la

Universidad Javeriana, vivía con nosotros. Se llama Melissa y es la hija mayor de Manuel, el hermano mayor de mi mamá que se fue a vivir a Estados Unidos en 1960. Melissa tenía 40.000 pesos y se los entregó a mi madre. Luego nos levantó a mi hermano y a mí. Ese día no teníamos colegio pues se habían acabado los exámenes el día anterior. Exámenes era un decir para dos niños de 5 y 9 años. Volvió a alzar el teléfono y marcó el número de mi padre de quien se había separado hacía cinco años. Le pidió que nos recogiera. Luego se dio una ducha, no alistó nada de ropa y a las 7:00 de la mañana ya estaba subida en el Mercedes de mi tío que tomó la vía a Melgar por la autopista del sur. En el carro iba Mariela, la esposa de mi tío y mi madre. Condujeron hasta Melgar oyendo la radio. Lo que oían eran las versiones de personas que a esa hora y después de las seis de la mañana aseguraban que Armero había desaparecido del mapa.

Yamid Amat hablaba atropelladamente con Leopoldo Guevara, voluntario de la Defensa Civil de Venadillo y con Luis Rivera, un piloto de fumigación que la noche anterior, después de acaecida la avalancha, había sobrevolado el área de Armero. "Desapareció todo el mundo, yo creo que queda un cinco por ciento de lo que era Armero". La conversación era inverosímil. Tanto que, años después, Guevara le dijo a El Espectador que ni Amat, ni Juan Gossaín, ni el propio Belisario Betancur, le creyeron la noche anterior cuando intentó avisarles. Pero a esa hora de la mañana ya la versión era casi oficial. Ni Guevara podía creer lo que veía: "Todo era silencio, silencio y barro. Armero es un playón", dijo Guevara.

Armero era un playón, le digo a mi madre. Me dice que no pudo creer lo que oía. No se veía nada. Todo estaba cubierto de lodo. Lodo espeso y pesado sobre un pueblo de 25.000 personas. Una historia de más de cien años sepultada.

A mi hermano y a mí nos llevaron a la casa de mi abuela en el barrio La Soledad. Y durante tres días nos distrajeron como pudieron para que no viéramos las imágenes que se convertirían con el tiempo en postales a la improvisación de los cuerpos de rescate colombianos; a la imprevisión de un gobierno que había desoído los duros pronósticos, como los de Gustavo Álvarez Gardeazábal quien durante meses advirtió en el periódico La Patria, de Manizales, esa tragedia anunciada. Natural, después de todo. Natural como esas imágenes de gente saliendo del barro como si vinieran de un lugar desconocido. La era prehistórica quizá, mostrando cómo todos somos casi nada después de haber sentido sobre nuestros cuerpos la fuerza de la naturaleza. Esas imágenes de una niña atrapada en unas vigas. Un nombre que se convirtió en una palabra común para los niños de mi generación: Omaira. Omaira fue una imagen que no pude ver.

Mi papá, mi abuela, mis tíos, todo el mundo se cuidaba de que el televisor no estuviera prendido mientras mi hermano o yo estuviéramos cerca. Cuando les preguntaba por mi mamá, me respondían con evasivas. Así, tres días. Hasta que me dio varicela. Y el cuerpo se me llenó de ronchas que rascaban y picaban y la fiebre, una fiebre parecida a la de mi madre colmada por la angustia que buscaba entre los escombros; sentada en las veredas de hospitales como el de Honda; en helipuertos en los cuales aterrizaban cada minuto esos aparatos llevando en redes los cuerpos de los que habían sido sus vecinos, sus amigos, sus conocidos, la gente de su pueblo.

La varicela me ausentó de todo. Y vine a comprender lo que había pasado tiempo después.

Entonces, por primera vez en mi vida, a veinticinco años de distancia le pido a mi mamá que reconstruya ese día. Quiero los detalles. Quiero saber cómo fue su viaje desde que nos despedimos esa mañana del 14 de noviembre.

El Mercedes se varó en Melgar. Ella no recuerda si hablaron o no durante las dos penosas horas que duró el trayecto hasta ese hirviente pueblo del Tolima. Buscaron un mecánico que reparó el radiador. La radio seguía emitiendo versiones.

Pero más allá de esa imagen que cualquier locutor de ocasión bautizaría como dantesca, lo que ahora puede decir mi madre es lo siguiente: en Ibagué, pudieron obtener el permiso para entrar hasta Lérida en donde, a esa hora, ya estaba instalado un helipuerto. El camino que separa a Ibagué de Lérida es de 73 kilómetros y puede ser de una hora por una carretera que comienza en los 1300 metros sobre el nivel del mar y pasa por Alvarado y Venadillo. Desde esa carretera puede verse el nevado del Ruiz. Un nevado que está al menos a 84 kilómetros de Armero. Por uno de sus afluentes, el río Lagunilla, bajó el deslave, la bombada que acabó con el pueblo.

Por fin llegaron a Lérida. En un vasto descampado la Cruz Roja y la Defensa Civil habían improvisado un helipuerto al que a esa hora ya habían llegado decenas de helicópteros cargados de seres salidos del barro. Mi madre se bajó del carro. No podía llorar. Ni gritar. Ni decir nada ante el horror. Recuerda una sola imagen diferente a las demás: un hombre, casi desnudo, enfangado hasta el cuello, cargaba un televisor y caminaba sin rumbo fijo. Después, los cuerpos caían sobre camillas tras haber sido lavados por mangueras con chorros a presión. La gente que había ayudaba a reconocerlos y en caso de que se supiera a quién pertenecía ese rostro que aparecía tras la capa de lodo lo firmaba con un marcador negro encima de una improvisada sábana. Ese día mi madre estuvo parada viendo esa escena repetirse como si se tratara de una mala película de muertos vivientes. A las cinco de la tarde se cerró el helipuerto por la falta de luz solar. Miles de cuerpos seguirían flotando durante días en ese amasijo de barro y lava y azufre y tejas de zinc.

Mi tío se fue con Mario, su yerno, piloto de la fuerza aérea, hacia Armero al tiempo que mi mamá seguía viendo cadáveres bajar de los helicópteros. "Cuando llegué al puente sobre el Lagunilla, y vi que todo eso era un desierto, que no me alcanzaba la vista, supe que no había nada qué hacer", dice él.

A las cinco de la tarde de ese jueves 14 mi mamá y mi tío regresaron a Ibagué. Se instalaron en el hotel Ambalá, una suerte de sala de prensa improvisada para corresponsales extranjeros que a esa hora arribaban para dar cuenta al mundo del peor desastre natural en América Latina hasta entonces. No comieron. Se instalaron en una suite. Prendieron la radio. Y durante toda la noche, tan sólo probando sorbos de agua, se dedicaron a escuchar las listas de sobrevivientes como estudiantes que esperan ansiosos que su nombre sea pronunciado. Pero el nombre de mis abuelos, Luis y Otilia Ulloa, llegados a Armero hacia treinta y siete años, jamás fue pronunciado.

El viernes 15 los muertos comenzaron a aparecer en racimos. Cuando mi mamá llegó al helipuerto y se bajó se encontró con su amiga de infancia María Eugenia Caldas, Dama Gris de la Cruz Roja, habitante de Armero, quien había salido el miércoles temprano del pueblo hacia Cali a una reunión de trabajo, y cuyas dos hijas, Tania Camila y Mabel Soraya Giraldo, su padre, Juan Vicente Caldas, y su madre, Saturia Trujillo, fueron sepultados por la avalancha.

Al ver a María Eugenia se derrumbó. Quiso preguntarle, como si no diera crédito a lo que estaba viendo desde el día anterior, qué había pasado. Como si María Eugenia, quien vivió hasta ese miércoles en Armero, tuviera respuestas.

Por un momento se detiene. Hemos estado sentados durante dos horas y su relato ha surgido como si hubiéramos abierto un grifo cerrado hace tiempo. Hace veinticinco años. Durante nuestra conversación ha querido llamar a sus amigos, a la gente que sobrevivió para confrontar sus recuerdos. Para poder entender, quizás, otra vez, qué es todo lo que me ha estado contando. Entonces toma aliento, respira profundo.

Las imágenes de ese viernes fueron una repetición de gente saliendo del lodo. En la tarde reconoció a doña Maruja de Silva, mientras la lavaban con una manguera. Ella, una mujer mayor, madre de Gonzalo Silva, un amigo de la infancia, se le convirtió en la primera posibilidad de comprender lo que estaba pasando. Tenía la mirada perdida. Estaba desnuda. Ida. Muerta a pesar de que seguía respirando. De inmediato mi madre comenzó a gritar desesperada. Pidió que se la llevaran para Bogotá, y dio el nombre de su hijo para que pudieran atenderla. La vio partir en un helicóptero.

El sábado mi madre estaba completamente exhausta. Me dice que se encontró con otras amigas. Rosario y Pilar Fernández eran hijas de un español que había migrado hacía décadas al pueblo. En medio de la confusión ellas le dijeron que tenían noticias de alguien con una descripción muy parecida a la de su padre que había sido enterrado en Ambalema reportado como NN.

No sabe cómo ni en qué se subió para ir hasta Ambalema, ese pueblo colonial, a orillas del Magdalena, adonde llegaba el tren cuando en Colombia aún había una conciencia distinta a la de pavimentar las cordilleras atravesándolas con carreteras en mal estado. Lo que sabe es que se montó al carro con las Fernández. Y sabe que llegaron a Ambalema. Y que se bajaron del carro, fueron hasta la iglesia y dijeron una frase que aún hoy recuerda con espanto: "Necesitamos desenterrar un muerto. O es su papá – señaló a su amiga– o es el mío. Ayúdenos". El cura se negó en redondo. No había menor peligro en que un par de señoras fueran hasta el cementerio y con la furia y el desconcierto y la impotencia cavaran en una tumba recién pisada para ver si allí yacía su cadáver. Eso era pecado. Además, les mostró una foto del enterrado, para que le creyeran. Extraño.

Con los brazos abajo, consiguieron cómo devolverse a Lérida, adonde se había quedado mi tío, aturdido. La radio, otra vez la radio, estaba prendida en el carro. De repente, el locutor comenzó a gritarle a una de sus periodistas de La voz del Tolima, que se subiera rápido a un helicóptero porque se iba a venir de nuevo una avalancha. Entonces mi madre entró en conmoción. Comenzó a gritar desesperada. Pensaba en mi hermano y en mí. Si había algo parecido a la justicia no era posible que ella, buscando a sus padres, quedara también sepultada por el lodo. Alguien le dio una cachetada para que se calmara mientras el carro se metía por sembrados de sorgo y arroz y daba tumbos y esquivaba piedras, tratando de evitar una falsa alarma. Una hora después llegaron a Lérida. A las cinco de la tarde, una vez más se fueron hacia Ibagué. Y por segunda vez mi mamá se sentó a llorar sin parar en las escaleras del hotel Ambalá, mientras un periodista francés intentaba arrancarle algunas palabras para su nota del día siguiente. Una noche más oyendo nombres. Una noche en la que mi tío Armando intentaba hacerle el quite a la angustia recordando nombres, calles, lugares, coordenadas.

El domingo 17 de noviembre las fuerzas comenzaron a mermar. Una vez más fueron hasta el helipuerto y el día siguió con su maquinal ritmo de helicópteros sobrevolando, gente que gritaba, otros que salían del lodo y el sempiterno olor a azufre que se iba pegando a las fosas nasales, a los pulmones, a la respiración. El sábado en la tarde, mi madre perdió la esperanza. No había nada que hacer.

Mucha gente como mi madre hizo la misma rutina de esperar, buscar y desesperarse. Alejandro Murad, otro amigo del pueblo, se ató a un camión de bomberos justo en donde comenzaba el lodo, cerca del Club Campestre, sobre la carretera o carrera 18 para los armeritas, para sumergirse en una búsqueda desesperada e improbable. Francisco González, quien fue mi jefe en El Espectador, y cuyo padre murió en Armero, se metió en un campero a recorrer y patinar dentro del lodo. Una de esas tardes, cuando ya no había fuerza, se encontró a un grupo de cuatreros arrancándole un diente de oro a un cadáver. Su acompañante llevaba una carabina y la emprendió a tiros en contra de los hombres.

En la tarde, mi madre, su hermano y su esposa, decidieron regresar a Bogotá. Llegaron a las siete de la noche. Mi madre debía trabajar al día siguiente pues en medio del desastre, la estupidez burocrática la obligaba a regresar pues solo contaba con dos días de permiso remunerado. Mi tío Manuel que se fue del país en 1960 a estudiar un posgrado en medicina en Nueva York, había llegado ese día cargado de menaje de urgencia hospitalaria y estaba esperándolos en nuestro apartamento. Mi mamá apenas tuvo tiempo de respirar, y de saludar, pues la línea 2444960, el teléfono verde por donde entrarían tantas veces esas llamadas que le quitaron la tranquilidad, sonó a las siete y treinta de la noche. Alguien no identificado aseguraba haber visto a mi abuelo en el hospital de Honda.

Hicieron el camino de regreso, esta vez en compañía de mi tío Manuel. A la una de la mañana del lunes 18 de noviembre entraron al hospital, una vieja construcción de una planta, alumbrando corredores con el haz de una linterna de pilas. Examinaron durante dos horas los rostros de los sobrevivientes. Uno por uno. De manera metódica. Mi abuelo no estaba ahí. No estaba en ninguna parte. No estaría ya más en ningún lugar probable sino hundido en ese valle próspero que se llenó de lodo.

*

Cuando hablé por primera vez con mi mamá para hacerle una entrevista formal, pues jamás había sido capaz de pedirle que me contara esos cuatro días en los cuales dejé de verla, me sentí husmeando en su memoria para poder contar esta historia. Sin embargo, algo comenzó a quedar claro. Ella necesitaba reconstruir algo de esos días pues, tras la avalancha, había sepultado también su historia.

Dos días antes había terminado la lectura de Los sordos ya no hablan, de Gustavo Álvarez Gardeazábal, una novela gracias a la cual pude ver más allá de un tema que para mí era solo familiar. Siempre la literatura es más capaz que la realidad. La novela de Gardeazábal, publicada en 1991, es notable. Sus personajes, muchos de ellos reales, se me quedaron grabados mientras hablaba esa noche de enero con mi madre. Mientras ella me explicaba todo, mientras apelaba a su memoria para recordar los trayectos de esos días, yo no dejaba de interpelarla y de preguntarle si la prensa, si el gobierno, si alguien había advertido algo antes de la avalancha.

Ella no recordaba haber leído nada que le permitiera siquiera interpretar que algo así podría ocurrir. Lo máximo, me dice, era una inundación, eso era lo que se decía. La novela de Gardeazábal la protagoniza un escritor que recuerda una invitación del alcalde Ramón Rodríguez para hablar de la probable erupción del Ruiz y sus consecuencias. El texto dibuja a un puñado de personajes muy bien logrados –un peluquero homosexual, un profesor con aires de científico, terco y obstinado; un homosexual exiliado en Armero que dejó un tumultuoso amor en Tuluá; la esposa de un biólogo del serpentario que alertó como pudo a la población sin que le prestaran atención y el juez municipal Aquileo Cruz, un escéptico e irreverente que siempre creyó en que algo así iba a pasar.

Un día después de la primera conversación con mi madre, cuando le pedí que dividiéramos el trabajo y fuéramos tratando de ir entendiendo de qué se trataba todo esto, le mandé un correo a Gustavo Álvarez explicándole que quería escribir y comprender por qué nadie había sido incisivo, insistente, por qué nadie había gritado que Armero iba a desaparecer de entrar el volcán en erupción. Aunque entiendo que la respuesta puede parecer obvia, tan obvia como que exista gente que sigue viviendo sobre fallas tectónicas, o en barrios de invasión en los cuales en cualquier momento se viene la montaña encima; y sé que nadie puede advertir ni pronosticar la fuerza inesperada de la naturaleza, y entiendo que los seres humanos preferimos quedarnos en casa así esta se caiga por esos hondos apegos que a lo mejor obedecen a una genética posterior al nomadismo; aunque sé todo eso, quería comprender.

Álvarez me contestó muy rápidamente. El tema, me dijo, seguía persiguiéndolo veinticinco años después. Me dijo que se había enterado del tema del Ruiz por un cineasta, Guillermo Cajiao, que tomaba fotos aéreas de los volcanes, y lo mantuvo al tanto de la evolución del volcán. "Me dediqué no solo en mis columnas de La Patria sino en El País de Cali y El Colombiano de Medellín, a advertir. Tanto así que un mes antes de la explosión, el juez de Armero, Aquileo Cruz, me llevó a que yo dictara una conferencia sobre los peligros del Ruiz. No me pararon bolas allá, pero en Honda dicté la misma conferencia y la alcaldesa, que era una señora de apellido holandés, tomó las medidas y por eso no fue tan sorpresiva la avalancha por el Gualí". Le pregunté también por sus recuerdos de ese día, de ese 14 de noviembre en el que se conoció la noticia. Me dijo que pensó en la cara de Aquileo Cruz, el juez. "Siempre me lo imaginé subiéndose a la terraza de la casa donde vivía tratando de salvarse. Fue una marca sicológica terrible. La torre de la iglesia, la guadua con el parlante del profesor...

Me impacté tanto cuando oí por la radio que caía ceniza. Yo vivía aquí en mi finca y no había entonces ni teléfono ni celular cuando se alcanzó a oír la explosión y me pegué del radio. Me quedé dormido en la madrugada y a las 5 estaba otra vez pegado del transistor esperando lo peor. No tengo palabras para describir la emoción y el sentimiento de culpa y de rabia que me embargó. Me parecía que no había sido capaz de convencerlos, que los manizalitas por proteger su feria no habían querido darle gravedad al asunto, en fin tanta cosa durante todos esos días....que todavía recuerdo mínimos detalles, del sitio, lo que estaba haciendo, etc...".

No sé si fue culpa de los manizalitas y no creo que se le pueda echar la culpa a todo un pueblo. Lo cierto es que se tejieron tantas conjeturas sobre la torpeza y la imprevisión en esos años, que decidí que tenía que comprender por qué un hombre y una mujer, llegados en los años cincuenta a un pueblo en el que como muchos otros imperaba la violencia política, habían decidido, a pesar de las montañas de ceniza que comenzaron a caer desde las cinco de la tarde, y del aguacero bíblico que anunció el diluvio universal, habían decidido quedarse a pesar de todo.

*

No recuerdo mucho de Armero. Acaso paseos familiares como si fueran fotos de un color producido por las fotografías Cubo Matic que se tomaban en la época. Tal vez una breve tranquilidad en mi infancia mezclada con el miedo al abandono; a quedarme con mis abuelos en esa casa de dos plantas, ubicada en la calle 6 con carrera 12, a tan sólo dos cuadras de la acequia por la cual bajó el lodo y la lava. Recuerdo la entrada de la casa: un antejardín en el que alguna vez, cuando mi mamá estuvo en una comisión en la Oficina de Registro de Ambalema, la esperábamos a las cinco de la tarde con mi abuela que nos servía unos vasos de avena helados. Justo al atravesar la puerta de entrada, a mano izquierda, había una enorme biblioteca que olía a viejo y que era una especie de salón de recibo en donde mi abuelo se encerraba a leer los clásicos españoles que atesoraba en ediciones de Aguilar, impresas en papel de arroz, y que leía sin parar. En el salón, un escritorio de fórmica blanca con remates de acero y encima una máquina de escribir Remington 52 que aún conserva mi mamá y con cuyas teclas jugábamos con mi hermano a hacer que escribíamos. Al salir de ese salón se accedía a un inmenso comedor, que eran dos mesas largas de madera cubiertas siempre por manteles de plástico con motivos florales, como esas mesas largas de las cafeterías de los colegios y una cocina enorme por donde se iba a un garaje descubierto en el cual estaba estacionado el Renault 18 de mi abuelo el día de la avalancha y que fue una de sus últimas preocupaciones. Así se lo dijo Jorge Montealegre, un piloto amigo de mi madre, quien fue la última persona que dio noticias de él esa última noche. A las siete se lo encontró saliendo del café Ancla, en la calle 11, y Jorge le preguntó que para dónde iba. "A ver que no le pase nada a la pintura del carro con esta ceniza", le contestó.

Al lado del comedor había un larguísimo corredor por donde don Luis, como todo el mundo le decía, caminaba con los brazos cruzados hacia atrás después de las comidas. El corredor daba contra dos jardines sembrados con limones, millonarias y copas de oro, y allí había planeado construir una piscina para sus nietos más pequeños, que éramos mi hermano y yo. Al fondo del corredor había una planta de tres cuartos. Uno, con aire acondicionado, el único, para mi tío Armando que no soportaba el calor. Después se accedía a un solar inmenso con un lavadero de roca maciza en el cual nos metíamos los días de calor como si se tratara de una piscina improvisada. Al volver al corredor de los cuartos, este remataba en una escalera de barandas pintadas de azul rey que conducía a la segunda planta en la cual estaba el enorme salón de la televisión, con una decena de sillas de tierra caliente, de esas cosidas en caucho templado de colores y unas cuantas mecedoras. Ese salón es uno de los recuerdos más vivos que tengo. Ahí nos sentábamos en las noches a ver programas como "Don Chinche" o "Naturalia" los domingos. Desde ese salón, que en lugar de ventanas tenía escuadras abiertas por donde corría el viento, podía verse el nevado del Ruiz. La casa terminaba en dos cuartos, al fondo del salón: uno para mi mamá y el de ellos dos, quizás en donde los encontró la avalancha el 13 de noviembre. Era un cuarto siempre en la penumbra, con dos camas separadas, y al cual no debíamos entrar salvo expresa autorización de mis abuelos. Ese cuarto se convirtió en mis recuerdos en un lugar recurrente, revisitado para buscar y entender y tratar de averiguar o imaginar cómo había sido su última noche.

La casa había sido construida en 1973, un año en el que mi abuelo se instaló en Santa Marta, una ciudad donde desde los años sesenta tenía una casa de recreo. Sin embargo, mi abuelo pasó ese año haciendo el mismo e invariable plan que consistía en pasearse por el camellón de la ciudad vieja para ver zarpar y acallar los barcos que entraban al puerto. Los veía desde la heladería Viña del Mar mientras cumplía su meticuloso plan de leer todo cuanto había pasado por alto en sus casi sesenta años. Pero ese sabático duró solo ese año porque no soportó estar lejos de sus negocios ni de sus amigos. Del pueblo que ya había hecho su lugar en el mundo. Así que empacó sus cosas y regresó a Armero.

Mi tío Armando, un odontólogo de 77 años que vive jubilado junto con su esposa en una casona en el viejo barrio Niza, me dice que mi abuelo y mi abuela llegaron a Armero el mismo año del Bogotazo. Es extraño cómo en Colombia una tragedia encuentra a la gente, muchos años después, con otra.

Mi abuelo había nacido en La Vega, Cundinamarca, en abril de 1906. En 1929 se había casado con mi abuela, Otilia Ulloa, prima suya, también nacida en La Vega, pero en 1913. Mis dos tíos, Armando y Manuel, nacieron en 1931 y 33, respectivamente. Es decir que cuando mi abuelo tomó la decisión de irse para Armero, los dos ya eran adolescentes. Mi abuelo era un liberal simpatizante de las ideas de Gaitán, y después de las del Movimiento de Renovación Liberal de López Michelsen en los años sesenta. Unos meses antes del asesinato de Gaitán, en pleno 1948, se fue a vivir, aún sin saberlo, al corazón de lo que sería el corazón de La Violencia en Colombia.

Mis abuelos se conocieron en La Vega, uno de los pueblos a los que llegaron los Ulloa después de partir de España en el siglo XVIII hacia Perú, primero; luego al Cauca y al Valle del Cauca, en donde hay un pueblo llamado Ulloa, para después afincarse en Moniquirá, Boyacá y, finalmente, en La Vega, Cundinamarca, de donde eran mis bisabuelos, Daniel y Benito Ulloa, este último general de la Guerra de los Mil Días que estuvo preso en el Panóptico de Bogotá, de donde se fugó y quien era dueño de la tercera parte de La Vega. Los dos eran primos pues sus padres eran primos segundos.

Mi abuelo Luis estudió el bachillerato en el Colegio León XIII, en Bogotá. Cuando terminó el colegio se devolvió para La Vega. Allá se casó con mi abuela, que era una niña de apenas 16 años encerrada en la finca de su papá que también se llamaba Luis. Ahí nacieron sus dos hijos.

En 1937 a mi abuelo lo nombraron corregidor en El Soche, una aldea del municipio de Granada, en Cundinamarca. El cargo era el de una especie de alcalde cuyo nombre aún guardaba la entraña colonial. En ese pueblo enfermó de asma. Era frío y húmedo, y mi abuelo había comenzado a aficionarse a la pesca. En una de esas lagunas heladas, casi paramunas, se le metió la enfermedad con la que cargaría toda la vida y por la que, de alguna manera, fue a parar a Armero. Mi tío Armando recuerda el penoso viaje a caballo por caminos reales. Once horas duraron subiendo con muebles, trastos y familia. Tres años después la familia regresó a Bogotá. Aunque no era abogado, lo nombraron juez por las relaciones políticas de su familia. Como juez comenzó a estudiar ingeniería, y luego entró a la Universidad Externado, a derecho. En 1945 se graduó de abogado. Después consiguió un puesto como inspector de policía, que era mejor pago. La familia ya había crecido. Sus dos hijos ya estudiaban bachillerato y las cosas iban bien. En ese entonces abrió una oficina de abogado con Rafael Poveda Alfonso, uno de los penalistas más importantes de los años cuarenta y cincuenta en Colombia. Sin embargo, mi abuelo no había dejado de padecer espantosos ataques que lo ahogaban y le hacían la vida imposible. Mi tío dice que ya no dormía. Insomne, tosía hasta que el aire se le acababa y sin encontrar consuelo tomó la decisión, en 1948, unos meses antes del Bogotazo, de buscar un lugar en el cual el clima le fuera más benéfico.

En julio de 1947 un primo suyo, Germán Ulloa, le había propuesto visitar a alguien de La Vega que vivía en el Líbano. Fue en ese viaje cuando conoció Armero. Del Líbano bajaron al ancho valle en el cual quedaba Armero, erigido oficialmente municipio durante el gobierno de Enrique Olaya Herrera. Aunque del emplazamiento se tenían noticias desde los días de la Colonia, cuando el volcán hizo su primera erupción documentada, por allá en 1585, según las crónicas de Fray Pedro Simón; y el pueblo había comenzado a formarse a finales del siglo XIX en los terrenos de la vieja Hacienda.

San Lorenzo, Armero, como municipio, no existía sino hacía unos quince años. En ese pueblo vivía una prima suya, Clotilde Ulloa, quien también se murió en la tragedia. Cuando la visitó, durmió con placidez dos noches. A la tercera, cuando se sintió bien, decidió que ese era el pueblo donde debía vivir.

De regreso a Bogotá, le dijo a mi abuela Otilia que había encontrado un lugar en el cual podía respirar. Mi abuela, que era una mujer paciente, que no le temía a los cambios, que siempre fue buena para los negocios y que lo quiso hasta el último día pasando por alto su adustez, su hosquedad y su mal genio, lo apoyó. Se subieron en un Rápido Tolima. Tomaron la carretera por Cambao, cruzaron el río Magdalena en planchón y cuando llegaron a Armero, Clotilde, su prima, les aseguró que las posibilidades para un abogado en ese pueblo próspero, que entonces era la capital algodonera de Colombia, no podían ser mejores. Mi abuela, que tenía un negocio de venta de ropa que fabricaba en Bogotá y vendía en La Vega, consiguió una casa para trasladar su venta y allí acondicionaron la oficina para mi abuelo. Armero en ese entonces estaba habitado por miles de personas que venían de diversos lugares del país contratados como mano de obra en las haciendas. Dada su cercanía al Ingenio Central del Tolima, que quedaba en Ambalema, la composición social era de mayoría liberal y gaitanista por la influencia del sindicato de trabajadores. Mi abuelo era liberal y lo sería toda la vida. Quizá no era uno de los más acérrimos seguidores de Gaitán, pero hasta dónde pude saber, era un hombre de creencias abiertas, algo ateo, que no gustaba del espíritu conservador que reinaba en aquella época tras la elección de Mariano Ospina Pérez, presidente de esa filiación que alcanzó el poder después de dieciséis años de gobiernos liberales.

La casa a la que llegaron a vivir se las arrendó don Gustavo Trujillo, que sería, toda la vida, muy cercano a la familia. Quedaba en la calle 11 con carrera 16 frente al teatro Bolívar. Era una edificación esquinera y ahí llegaron los tres, mi abuelo, mi abuela y su hijo Armando, pues Manuel se había quedado en Bogotá, a comenzar una nueva vida.

Mi abuelo Luis comenzó entonces a trabajar como abogado "promiscuo", como se le decía en la época a los toderos que asumían casos de toda índole. En Armero no había sino dos abogados: los doctores Arellano y Coronado. Cuando mi abuelo abrió la oficina la suerte le sonrió. Llegaron decenas de clientes. Sobre todo agricultores. Y así sería toda la vida. Atendió desde entonces a cientos de grandes terratenientes que cultivaban, sobre todo, algodón. Armero era un enclave comercial poderoso, y eso hizo que los negocios y el patrimonio fuera aumentando.

No tenían miedo, me dice mi tío cuando le pregunto si la situación del país no los aterraba, si de alguna manera, irse a un pueblo del Tolima, no era una decisión algo imprudente. Me dice que no. Que en ese entonces no había miedo. Que el terror se instaló después, unos meses más adelante, cuando mataron a Gaitán.

Así llegaron al Tolima, un departamento clave en la economía colombiana. Una suerte de paso obligado entre el eje cafetero y el centro del país y, en ese sentido, el corazón geográfico que ha soportado las diversas violencias que ha sufrido Colombia desde la conquista. A partir del asesinato de Gaitán, el departamento entero se convirtió en el escenario de una violencia entre gaitanistas y chulavitas, la policía conservadora, en la cual quedaron miles de vidas cegadas por las aplanchadas del machete en masacres brutales de las cuales, también, fueron testigos mi madre y sus hermanos.

Hay muchos mitos sobre lo que ocurrió el 9 de abril de 1948 en Armero. Cuando el barro se vino, ese 13 de noviembre, esos mitos se engrandecieron por cuenta del rumor y la desesperanza de miles de personas ansiosas de encontrar una explicación para algo que, tal vez, no la tenía. Se decía que debido al asesinato del cura había una maldición sobre el pueblo y que por eso la naturaleza se había ensañado con él. Pueblo maldito, asesino de curas. Pueblo maldito cuyos territorios se habían inundado muchas veces desde la Colonia. Pueblo liberal que durante una década sufrió la constante amenaza de los conservadores.

La casa a la cual llegaron a vivir mis abuelos en Armero quedaba frente al teatro Bolívar hacia donde, después de las dos de la tarde del 9 de abril, cuando se supo que Juan Roa Sierra había disparado en contra de Jorge Eliécer Gaitán, en la Avenida Jiménez con carrera octava, en Bogotá, se precipitó una multitud sedienta de venganza. La gente se arremolinó en las escaleras del teatro con palos, machetes, estacas, piedras, y lo que hubiera a mano. Muchos decían que la revolución había llegado y que era el momento de tomarse el poder. "¿Pero cuál poder?", me dice mi tío. "Poder en Armero no había. Todos eran liberales, el alcalde era liberal, así que ¿en contra de quién iban a pelear?". Mi tío recuerda haber visto un muerto. Era el dueño de una tienda, un viejo conservador de los cuatro que había en el pueblo, que tenía un genio endemoniado. El viejo murió por las balas que comenzaron a disparar desde fuera de su local que tenía, como única protección, una teja de zinc como puerta. "Al rato lo encontraron lleno de huecos de bala al pobre". Sin embargo, según el relato de Hugo Viana Castro, autor de un extenso documento que registra aspectos diversos sobre la historia de Armero, se saquearon los negocios de conservadores como Leocadio Navarro, Antonio Gómez, Alberto Rada, Horacio Ochoa y la Hacienda El Puente. Dice Viana: "La turba enfurecida y ebria violentó el mismo 9 de abril el portón de la casa cural e intimidó al párroco exigiéndole la entrega de un supuesto armamento. Esta falacia, salida de la mente de un sicofarsante de nombre Mario Durán Calle, que dijo en su indagatoria haber estudiado en la escuela Salesiana de San Jorge de Ibagué y ser él y su familia conservadores, fue creída sin reserva alguna por la muchedumbre. Al día siguiente, asesinaron al sacerdote.

El 10 de abril el pueblo entero, como miles de colombianos, se sentía defraudado. El rumor de que el cura Pedro María Ramírez era "una porquería" no era nuevo. "Es un muérgano espantoso", decía la gente. Al cura le tenían rabia porque regañaba a todo el mundo. Dice Viana que el respeto por la misa "lo hacía cumplir casi con ferocidad llegando a pellizcar los brazos de las damas u ordenar su expulsión del sagrado recinto por no llevar un alto y decoroso escote ante la mirada atónita de los asistentes recibiendo una gran humillación y vergüenza a la poco recatada practicante". Por ello, varios choferes de expreso que se reunían en la plaza central, frente a la Iglesia, dijeron que había que matar al cura. El cura representaba esa hegemonía conservadora y pacata de la cual el país creía que iba a salir si Gaitán llegaba al poder. Pero no fue así, y el resto de la historia ya se sabe. Lo que pasó no está muy claro. Varias personas dicen que los choferes sacaron de la Iglesia al cura a empellones y que alguien, apenas lo vio indemne, parado bajo los árboles de la plaza, le asestó el primer machetazo. De ahí en adelante la imagen se convierte en un recuerdo de sangría en el cual varios hombres se ensañaron con el cuerpo del hombre hasta dejarlo descuartizado. La gente se arremolinó y muchos participaron de la expiación en contra de un hombre que, con el tiempo, se convertiría en un recuerdo con el cual se quiso hacer literatura.

"Nunca hubo una maldición", dice mi tío. "Esos fueron cuentos que se inventaron después para explicar la tragedia". Hubo un crimen terrible, una manifestación de locura colectiva; hubo un cadáver famoso, el del cura, que mi tío no vio pues mis abuelos lo encerraron en la casa temiendo que, como eran recién llegados, corriera el ruido de que eran conservadores. Mi abuela entonces hizo una declaración de principios: cortó un pedazo de tela roja e izó una bandera en la entrada de la casa para que a nadie, en el estado de calentura, se le ocurriera imaginar que los foráneos también debían morir pues se desconocían sus filiaciones políticas. Durante ocho días mi abuelo recordaría las voces de las personas que pasaban por el frente de la casa diciendo los recién llegados eran liberales. Durante ocho días el pueblo vivió y sintió la sevicia y sin darse cuenta de que acababa de comenzar una época terrible en la cual murieron, en dieciséis años, según investigadores como Otilia Victoria Uribe y Gonzalo Sánchez, al menos, doscientas mil personas.

La versión consignada en los expedientes judiciales sobre lo ocurrido ese 10 de abril en Armero dice que dos hombres, Camilo Leal Bocanegra y Víctor Montealegre, fueron los autores materiales del crimen. Supuestamente se había dicho que en la casa cural estaban escondidas unas armas que pertenecían a los conservadores. El sábado 10 de abril la turba entró a la iglesia y causó destrozos. El cura Pedro Otilia Ramírez corrió a esconderse en la casa "colindante con el solar", como dice Viana, de la señora Cecilia Torres. Hasta allá fueron a buscarlo. Quien lo sacó de la casa fue Leal Bocanegra, conocido como "mano de ñeque", amenazándolo con un machete e injuriándolo. Lo condujo por la calle 11 en dirección a la plaza principal. Al llegar a la plaza, un hombre, señalado por varios testigos como José Yesid Chavarro, de profesión albañil, le propinó el primer planazo que lo tiró al piso. Después, otro hombre, Alonso Cruz Ayala, lo remató. Así lo cuenta un testigo de los hechos interrogado en Armero el 2 de mayo de ese año: "Cuando yo charlé con el padre, ya casi estaba en la esquina del parque, se vino encima del cura la gente que había por ahí y formó una tremolina sobre él y le daban empujones y plan con peinillas y machetes; y en esas pude ver perfectamente a

Alonso Cruz Ayala, que se abrió paso entre la gente y le mandó un golpe con peinilla y lo tumbó al suelo". De ahí en adelante se suceden las declaraciones de quien le dio el tercero y el cuarto machetazo hasta convertir a ese hombre en jirones que fueron llevados por la muchedumbre primero hasta la hacienda el Puente y luego arrojado "medio desnudo a una cuneta cerca al cementerio. El 11 de abril lo enterraron, sin sotana y en una caja de madera cualquiera. A los diez días se hizo una autopsia. Y a los 22, sus familiares vinieron desde La Plata, en el Huila, y se llevaron los restos de un sacerdote que para unos quedaría como el Mártir de Armero, y para otros, como el símbolo del comienzo de una época terrible en el Tolima. De todos modos, los hechos ni siquiera merecieron una noticia a dos columnas en la prensa nacional. El Espectador del lunes 19 de abril de 1948 fue el primer periódico nacional en consignar la violencia que se desató en Ibagué y el Tolima: "15 muertos, 50 heridos y Gran Destrucción el Viernes 9 en Ibagué", se lee en un titular a ocho columnas. Sobre los hechos de Armero, se lee: "De Armero llegaron a Ibagué rumores de lo más heterogéneos. La gobernación no quiso informar a ciencia cierta qué había ocurrido. Relatos fragmentarios decían que el cura párroco se había hecho fuerte en el templo contra el liberalismo, que había provocado así una batalla campal y que, a la postre, vencido, había hallado la muerte en aquella intrincada lucha".

Uno de los testigos de lo que ocurrió ese día tenía doce años cuando ocurrieron los hechos. Su nombre es César Murad, y sus padres llegaron del Líbano en los años veinte a buscar fortuna en el Tolima. Hoy 73 años y vive del recuerdo de Armero. El día en que lo conocí –Murad es un hombre que no puede negar su procedencia árabe, de rasgos prominentes y cejas pobladas, nariz ancha, tez mediterránea y una risa que no abandona la ironía-, me contó más o menos lo mismo del 9 de abril en Armero. Aunque él era tan solo un niño puede recordar que él se metió entre la turba y deambuló por el pueblo acaso emocionado con una serie de acontecimientos que ni siquiera entendía. "La gente se jartó todo el trago. No quedó ni una botella de aguardiente ni de whisky viva", me dice. "Los tipos decían: 'muestre a ver qué es lo que toman los ricos', cuando cogían el whisky". De ese día puede recordar que entró a una de las tiendas que saqueó la turba, se robó unos estilógrafos y regresó a su casa feliz. "Fue en la tienda de don Antonio

Gómez. Eran finos, Parker, de esos de rayitas. Toda la vida me fascinaron los estilógrafos". Después la turba siguió hasta donde Manuel Coronado, un conservador que estaba muy enfermo "y el viejo que abre la puerta y el machetazo que le metieron". Su padre, esa misma noche, lo castigó y le hizo devolver el botín.

Sus padres habían llegado como muchos inmigrantes árabes por Barranquilla en los años treinta. Jorge, su padre, había nacido en Beirut, y su mamá, doña Salua, en el norte del mismo país. En ese entonces, cuando llegaron, ella venía escapada de sus hermanos y no sabía hablar ni español ni árabe. Ella llegó a Girardot. Su padre también huyó del Líbano, primero hacia Francia, en donde vivió en París tres años como empresario de teatro de una compañía que montaba obras de Shakespeare, y con la cual hizo alguna plata. Después se subió en un barco, jugó póker, bebió whisky, habló en los cinco idiomas que sabía durante dos meses y recaló en Barranquilla. Cuando don Jorge llegó, cogió un vapor a Girardot en donde conoció a doña Salua y desde entonces jamás se separaron, después de casarse a escondidas en Tocaima.

Los Murad fueron conocidos desde los años cuarenta en Armero por ser los dueños de los locales de telas. Allá tuvieron siete hijos. Uno de ellos es César. Quedan dos más vivos: Alejandro y Aída. Al almacén de doña Salua, de la calle 11 con carrera 15, fui muchas veces con mi abuela, quien mandaba a hacer manteles y ropa con la mercancía de esos inmigrantes, buenas personas, que también murieron en Armero. Su casa, además era muy conocida pues desde su balcón hablaban los políticos liberales que iban a hacer proselitismo al pueblo. La casa daba contra el ferrocarril, en donde había una plazoleta amplia, que se prestaba como auditorio de las arengas. Uno de los líderes que pasó por ahí fue Gaitán. "La última vez que estuvo me le fui detrás y le jalé la camisa y le dije: "regáleme un centavo". Se tocó los bolsillos y me dijo: "yo no tengo plata ni en los bolsillos de atrás".

Dice Murad que en Armero no ocurrió mucho más, a pesar de que todo el departamento se alzó como bastión revolucionario en contra del gobierno conservador de Mariano Ospina Pérez. En Ibagué, la capital del departamento, hubo disturbios, se quemaron las instalaciones de periódicos como El Derecho y se crearon juntas revolucionarias. En el sur del Tolima, las cosas fueron aún más terribles y pueblos como Chaparral, Falan, Rovira, Anzoátegui y Cunday, se vieron asolados por el enfrentamiento entre gaitanistas y la policía del régimen, que por su procedencia boyacense se conoció como los chulavitas. Hubo persecuciones políticas como las que sufrieron los pocos comunistas del pueblo, que según lo documenta Hugo Viana, fueron apresados y torturados en Ibagué. Entre ellos estaban Luis García y Próspero Jiménez, quienes "fueron encadenados y conducidos a la penitenciaría de Ibagué recibiendo todo tipo de humillaciones y maltratos por pertenecer al Partido Comunista de Armero."

Mi tío recuerda esa época con pavor. Un año después lo mandaron a estudiar al Líbano, uno de los lugares de mayor violencia en el Tolima, pues, para la época, era un fortín gaitanista. El Líbano era un pueblo grande, cultural, cafetero, fundado por colonos antioqueños a mediados del siglo XIX como aldea. Era, además, un pueblo de estudiantes. Había dos colegios nacionales. Él estudió en el Instituto Isidro Parra los dos últimos años del bachillerato en medio de una zozobra permanente. No podía, por ejemplo, llegar en carro hasta el Líbano pues ningún taxi quería subir más allá de un caserío llamado El Convenio, así que tenían que caminar seis o siete kilómetros temiendo lo peor. Las bombas se oían a diario. "Veíamos desde la ventana del colegio, pues en frente estaba la estación de policía, cómo cogían a la gente del pueblo y en un patio al que le habían instalado un botalón, los amarraban y los ponían a trotar mientras les daban fuete. Otro recuerdo que tengo es una balacera en la plaza de mercado. No sé cuándo fue pero hubo cientos de heridos que pasaban por la entrada del colegio. Los sábados, que eran los días de salida, solo nos dejaban salir al parque a tomar un pintao, y a jugar billar, pero a las seis de la tarde teníamos que volver pues nos advertían que podía pasarnos algo. El domingo, lo mismo".

En Armero, entre tanto, mi abuelo vivía con las noticias diarias que decían que desde Villa Hermosa, Herveo y Casabianca iban a llegar los chulavitas a invadir el pueblo para matar a todo el mundo en venganza por la muerte del cura Ramírez. Uno de esos días tuvo que encerrarse durante todo un día en el Restaurante Alemán esperando a que llegaran a matarlos. "Nunca llegaron", dice mi tío.

En 1950, con la situación al límite, mi abuelo decidió, por noticias de otros parientes, irse a vivir a Barranquilla. Otra vez mi abuela empacó el almacén, el trasteo de la casa y los subió en un tren hasta La Dorada y de ahí cinco días en un vapor hasta Barranquilla. Allá vivieron en una casa en las calles Cuartel y Líbano, como si los persiguiera el Tolima. Sin embargo, al año, otra vez aquejado por la enfermedad, ahogado por la humedad, decidieron regresar a Armero. "El único sitio en el que puedo vivir es Armero", le dijo a mi abuela. "Es el único lugar en el que no me ahogo", insistió.

El regreso fue definitivo. Esta vez le compraron media casa a Mina Galarza, cuñada de Arturo Manrique, embajador y dueño del periódico y de la editorial El Mundo al Día. Era un caserón de veinte cuartos que después se convirtió en hotel. En esa casa, que incluso tenía un estanque para patos, nació mi mamá, en mayo de 1951.

*

María Eugenia Caldas también nació en 1951. Ella fue su mejor amiga de infancia, y hoy siguen juntas pues la vida las ha unido más y más después de la tragedia. La conozco desde que tengo memoria. Es una mujer jovial, de cara redonda y risa fácil, con los cachetes siempre colorados, y una simpatía y un humor que, quizá, la ha salvado de perderse de la vida después de la tragedia. La recuerdo también porque alguna vez, después de la tragedia, nos dejaron a su cuidado durante un mes por un viaje que hizo mi madre. La recuerdo, ahora que lo pienso y la veo comenzar a hablar de su infancia en Armero, mucho más lejos, allá, en ese pueblo que ha empezado a despertárseme en la memoria. Recuerdo, por ejemplo, que siempre que llegábamos de visita adonde mis abuelos, su porche era una visita obligada. Que jugué algunas veces con sus hijas, Mabel Soraya, que me llevaba cinco años, y Tania Camila que era de mi edad. Las dos se murieron en Armero.

María Eugenia es de Armero pues su padre hizo el rural de odontología allí. Entonces conoció a su mamá, doña Tura Trujillo de Caldas, nacida en el pueblo en el año 28, y se casaron. Eso fue en 1948, el mismo año en que mis abuelos llegaron al pueblo. Toda la vida fueron vecinas con mi madre. A las dos les tocó la época de los bandoleros. María Eugenia dice los nombres que recuerda: Tarzán, Sangrenegra y Desquite.

El bandolerismo en el Tolima fue la reacción del campesinado acorralado por la policía conservadora. En 1950, el conservador Laureano Gómez había subido al poder en unas elecciones en las que se habían abstenido los liberales por considerarlas ilegítimas. Gómez azuzó a sus copartidarios y convirtió a Colombia en un escenario de violencia en el cual la paranoia en contra del comunismo y del liberalismo causó miles de muertes de ahí en adelante. Fue célebre su discurso en el cual comparó el comunismo con un basilisco que camina con pies de confusión e inseguridad, con piernas de atropello y de violencia, y con un inmenso estómago oligárquico, con pecho de ira, con brazos masónicos y con una pequeña, diminuta cabeza. Esto no es el resultado de una elaboración mental".

Ese año fue nombrado como gobernador del departamento Octavio Laserna. Según escribe Otilia Victoria Uribe, en su libro ya clásico sobre la violencia en el Tolima, Matar, rematar y contramatar: "Durante ese año las élites liberales capitalinas decretan la resistencia civil, la que es acogida por la población rural dando origen a movimientos campesinos de autodefensa, conformados por familias perseguidas que huyen al monte a lugares de difícil acceso". Esas guerrillas surgieron primero en el sur del Tolima. Fueron las primeras, entrando a los años cincuenta, y por eso ni mi madre ni María Eugenia recuerdan los alias de la época como Charronegro, o Joaquín Prías Alape, quien en compañía de los hermanos Guaracas fundó en los años sesenta las FARC; ni Vencedor, Triunfante, Mayor Arboleda, Mariachi, Tirofijo, o Comandante Olimpo, por sólo citar algunos de los mandos de esas primeras guerras. Todos esos grupos familiares se convirtieron en la resistencia armada y el departamento se volvió un campo de batalla en el que se quemaban casas, se destrozaban pueblos y se masacraba a la gente como un método de los conservadores para intimidar a la población liberal, y uno de retaliación natural que defendían los liberales. Nada muy distinto a lo que sigue ocurriendo hoy en Colombia en donde unos y otros se abrogan el derecho de atacar a la población civil usándola como excusa para sus fines.

María Eugenia me dice que ellas se volaban del colegio a ver los muertos de la Violencia en el parque. Sin embargo, eso ocurrió ya a finales de los cincuenta, cuando habían pasado muchas cosas.

Después del breve gobierno de Laureano Gómez quien abandonó el cargo en 1951 por problemas de salud y fue reemplazado por Roberto Urdaneta, en 1953 la guerra civil en Colombia era una verdad revelada. Por ello, un autogolpe de estado proclamó al General Gustavo Rojas Pinilla como presidente de la República. Rojas, en un intento desesperado, anunció una amnistía general para todas las autodefensas. Rojas nombró, además, alcaldes militares en muchos pueblos para garantizar el orden en el territorio nacional.

Armero no fue la excepción. Y como ocurrió en muchos lugares del país fue un tiempo en el que se hicieron decenas de obras públicas que aún hoy muchos recuerdan con una nostalgia espuria, con la ceguera de que las dictaduras producen progreso bajo el imperio de la represión. Por eso, hoy se dice en Colombia, cuando se recuerda a Rojas, que gracias a él tenemos aeropuerto en Bogotá, vimos televisión por primera vez y conocimos avenidas distintas a las pequeñas calles de una ciudad en crecimiento que aún no se desbordaba por cuenta del desplazamiento y de la violencia.

César Murad me dice que ese alcalde, Miguel J. Rodríguez Meneses, adelantó mucho el pueblo. Hizo el alcantarillado, por ejemplo. Él recuerda, como si fuera una premonición, que cuando se hicieron esas obras de las excavaciones sólo salía piedra, nunca arena. Quizás eso obedece a que, desde la primera erupción del Ruiz, en el siglo XVI, y después a mediados del siglo XIX, el suelo se sedimentó hasta volverse una roca que sería arrasada una vez más. El alcalde hizo andenes, mejoró el parque, puso a la gente a trabajar desde las siete de la mañana. Fueron tiempos en los cuales, paradójicamente y en contraste con la situación del departamento, Armero se convirtió en un pueblo clave en la economía del Tolima y del país. "La bonanza algodonera mantenía a flote el municipio y rodaba el dinero abundantemente en bares y cantinas. Miles de personas dependían directa o indirectamente del "oro blanco y la ciudad se ganó el título de capital algodonera de Colombia", dice Hugo Viana en su libro y cita a Daniel Quezada, otro damnificado de la tragedia: "A nuestra juventud le tocó presenciar en aquellos tiempos los primeros jalones del progreso en Armero producto del algodón. Vimos por su carrera 18 la doble fila que se extendía varios kilómetros de camiones atiborrados de ese producto, pugnando por entregar su valioso cargamento a la desmotadora que allí tuvo la Distribuidora de Algodón Nacional, Diagonal". Pero también, como era propio de los militares seguidores de Rojas, el alcalde cometió desmanes: se dice que la limpieza social estuvo a la orden del día, que se exhibían en las calles a los ladrones con   letreros colgados al cuello que decían "yo soy un roba gallinas".

La década de los cincuenta supuso para mis abuelos conseguir definitivamente la estabilidad. Eran dos personas maduras, ya llegando a los cincuenta años, que por gracia de la vida recibían una nueva hija después de veinte años. Por eso mi madre se llama Consuelo.

Ella y María Eugenia estudiaron en el colegio Otilia Auxiliadora, de las hermanas Nieto y después en el Nuevo Liceo, de las hermanas Rojas Luna, creadoras de las danzas de Armero. Durante esos años llegaron muchos curas a Armero a catequizar pues había muchas parejas que vivían en unión libre en el pueblo, según recuerda César Murad. "Trajeron a los franciscanos, casaron un montón de gente".

Su infancia fue como cualquier otra: iban al cine, paseaban por las calles, iban al río Lagunilla caminando, al charco de la piedra, al club Campestre, donde los Gaitán, amigos suyos, que tenían casa con piscina; donde los Mattos, que eran dos hermanos comerciantes, casados con dos mujeres a las que les decían Lolita, la una muy grande y la otra muy chiquita, y cuya casa era como una finca cerca a la fábrica de aceites Cogra. El país seguía dividido y el gobierno de Rojas no había hecho sino profundizar el estado de la violencia. Los alcaldes militares, a pesar de la buena imagen que cosecharon por impulsar las obras públicas, no podían controlar una violencia mucho más honda de lo que se suponía y por ello, en 1956, ante el avance del populismo dictatorial del general, los representantes de los liberales y conservadores se reunieron en Benidorm, España, el 24 de julio de ese año y comenzaron las negociaciones para quitarle el poder a Rojas. El 20 de julio de 1957 se firmó el pacto de Sitges, en el cual se decidió convocar a elecciones y repartir durante dieciséis años el poder entre unos y otros. En 1958 fue elegido como primer presidente del Frente Nacional, ese pacto que terminó por fracturar más al país, el liberal Alberto Lleras Camargo.

Mi abuelo no tuvo una carrera política sobresaliente aunque fue concejal en 1974 por el liberalismo progresista. Se ganó el respeto del pueblo al que había llegado huyendo del asma, pero no quiso afiliarse al proselitismo ni a la pugna partidista, que terminaría por volver más inequitativo el ejercicio de la participación política en Colombia. Se convirtió en un hombre al que escuchaban unos y otros, que llevaba los negocios de muchos y que no permitía que se inmiscuyeran en su intimidad. Apenas se permitía un par de whiskys, se acostaba temprano, no participaba de tertulias distintas a las que desde entonces se fraguaban en el café Ancla, en donde, invariablemente, tarde tras tarde hasta el 13 de noviembre de 1985, se dedicaba a jugar parqués. Hugo Viana lo vio por última vez allí en compañía de sus amigos de siempre: "En el café Ancla encuentro a Efraín Coronado, Floro Monroy y al doctor Ulloa", dice al relatar su último día en Armero.

Muchos de los muertos que recuerda María Eugenia no eran asesinados en el pueblo, pero los bajaban de las veredas cercanas y los exponían en la plaza principal. "Yo vi muchos", me dice. Muchos como los más de setenta campesinos masacrados por el Batallón Tolima, cuyo sargento primero, de apellido Mira, mandó a encerrar en una casa en el sitio Juan Díaz, y les prendió fuego. Otros, como el célebre Sangrenegra, Jacinto Cruz Usma, fueron exhibidos, a mediados de los años sesenta, en la granja experimental de Armero, como un trofeo y un triunfo del gobierno de Guillermo León Valencia, un conservador que fue el segundo presidente del Frente Nacional.

Por Armero desfilaban otros bandoleros como Desquite, William Ángel Aranguren, a quien mi mamá recuerda comiendo helado en el centro del pueblo mientras todo el mundo murmuraba quién era.

Mi abuelo tomó la decisión, en 1962, de que mi mamá no podía estudiar el bachillerato en Armero. Antes de cumplir los once años la mandaron al internado de las hermanas dominicas del Rosario de Santo Domingo, ubicado en las montañas de Bogotá adonde llegó sin querer separarse de sus padres ni de su pueblo. Mi mamá tiene un recuerdo amargo de esa época. Detestaba la idea de tener que ponerse medias, de que a las seis de la mañana no clareara el sol caliente de su pueblo, y la vida se tiñera de un gris eterno en medio del cual vivió los años de su bachillerato. Creció añorando Armero, esperando a que llegaran las vacaciones para ir a ver a mis abuelos que en ese entonces habían abierto un hotel en la segunda casa de doña Mina Galarza. El hotel Lido había sido el negocio de mi abuela durante un tiempo y luego lo habían alquilado para que lo administrara alguien más. Ellos se fueron a vivir en la calle 6 con la esquina de la carrera 13, al lado de don Jorge Rojas, padre del médico Santiago Rojas.

Pero así como esa separación fue uno de sus primeros quiebres definitivos en la vida, mi madre recuerda esa época, también, con alegría. Me habla de las fiestas en el club Campestre, en los años sesenta, cuando sonaban las Águilas del Norte por Radio Armero, una emisora fundada en 1954 que transmitió hasta el último día que existió el pueblo. Ella volvía cada período de vacaciones con la sensación de estar perdiéndose del mundo que, en verdad, era suyo.

De ahí en adelante ella nunca más viviría permanentemente en Armero, aunque cada vez que podía se escapaba a ver a sus padres. Creció añorando un paraíso perdido que en ese entonces se había convertido en el hogar de una pareja que pasaba sus días entre los negocios de mi abuelo, la puntualidad de mi abuela en las tareas del hogar y su espíritu comercial que la hizo crear una panadería de éxito llamada Ricopan. Mi abuelo se había ganado en un pleito esa casa que contaba con la infraestructura para la panadería. Entonces mi abuela decidió que la tenían que poner a funcionar. Ella armó de nuevo los hornos, contrató panaderos, hizo un punto de venta en la calle 11, y compró dos viejos Willys que repartían el pan en pueblos como Guayabal y Lérida.

En el año 73 él se había ido, como ya lo dije, un año a Santa Marta pero más temprano que tarde regresó a Armero. Ese año construyó la casa que yo recuerdo. La historia dice que en ese lugar iba a quedar una fábrica de jabones que se ganó en un pleito.

Mientras tanto, María Eugenia siguió estudiando hasta quinto de bachillerato y renunció a las clases tras convencerse de que no había nacido para la física. Después de semana santa del año 69 se salió del colegio y unos meses después se casó con Germán Giraldo, un abogado mayor que ella, que estudiaba derecho en el Externado y quien sería su esposo hasta unos meses antes de la tragedia cuando murió de una trombosis.

María Eugenia jamás pensó que su vida estuviera lejos de Armero. De allá era su familia, de allá eran sus amigos, allá estaba todo lo que le importaba. Salvo por una temporada que pasó en Falan, a comienzos de los años setenta, con su esposo quien fue nombrado juez promiscuo de ese municipio en el que aún la violencia campeaba, nada la hacía pensar en que su destino fuera a cambiar de lugar. En el año 71 nació su primera hija y vivió un tiempo en Ibagué. Cinco años después su segunda. Ella no se hacía demasiadas preguntas sobre una vida que, aunque con dificultades personales, parecía definirse bajo los mangos y los almendros del pueblo donde nació.

Hoy María Eugenia, a pesar de todo, sigue riéndose con una risa contagiosa, mientras recuerda anécdotas de su vida. Se ríe con acento tolimense y guarda una dignidad muy parecida a la de un monje. No se queja. Sabe que en unas horas regresará sola a su casa, en el barrio

Bochica en donde tiene un apartamento que le cedieron unas primas de su madre, las hermanas Villegas, que la cuidan como si fuera su hija después de la tragedia.

Ella trabajó en los años setenta haciendo política con su esposo. En 1974 se matriculó al partido liberal y se metió a la Cruz Roja. Vivió en Ibagué por temporadas. Siempre regresó a Armero. Siempre vivió para ese pueblo. El 13 de noviembre se fue temprano para Cali, a una reunión de las Damas Grises de la Cruz Roja, y pensó que su hija menor, Tania Camila, tenía un examen de matemáticas ese día y debía pasarlo.

*

El 13 de noviembre de 1985 mi mamá salió para su oficina sin pensar en que aquella lluvia picosa primero, y luego un aguacero que inundó la calle 26 presagiaban la tragedia. A la misma hora, pero en Armero, María Eugenia se despedía de sus dos hijas, dándose una bendición y comentándole a su mamá, doña Tura, quien la acompañó hasta Ibagué en donde debía tomar un taxi hacia Cali, para asistir a la convención nacional de Damas Grises de la Cruz Roja en el hotel Intercontinental de esa ciudad, lo rojo que se veía el cielo encima del Ruiz que refulgía a esa hora de la mañana. María Eugenia viajó todo el día. Mi mamá almorzó cualquier cosa para salir del paso. En Bogotá, a las cinco de la tarde, la lluvia se hizo más intensa y le pidió a un amigo de su oficina, Miguel Dancur, que la llevara en su Simca hasta la casa. En el país entero la temporada invernal causaba los estragos de siempre. En Armero había comenzado a llover ceniza a las cuatro de la tarde. Ceniza mezclada con agua. Mi mamá no recibió ninguna llamada de sus padres. A lo mejor no quisieron alertarla.

La ceniza que cayó ese 13 de noviembre alcanzó ciudades tan distantes del Ruiz como Tunja. Uno no entiende cómo, si a las 4 de la tarde ya caía ceniza que se podía coger a manotones, nadie hizo nada. ¿Por qué no hubo una alerta? ¿Por qué todo el mundo era tan obstinado como mi abuelo que se murió convencido de que el gobierno iba a decretar la alarma naranja e iba a dar la orden de evacuar el pueblo? ¿Por qué la gente siguió en los cafés, hablando como si no pasara nada, elucubrando sobre el porvenir como si no se hubieran enterado que durante ese año, varios medios habían dado versiones de que en Armero podía ocurrir una tragedia natural inmensa? ¿Por qué el gobierno hizo caso omiso de las peticiones del representante a la cámara por Caldas, Hernando Arango, quien advirtió el 24 de septiembre de ese año sobre el peligro que representaban las constantes emisiones de humo del nevado, según se lee en los archivos de la Cámara de Representantes, tal como sigue? "En el mes de diciembre, les decía, empezó alguna actividad en el volcán. Se hicieron solicitudes a Ingeominas, al Agustín Codazzi. Se hicieron solicitudes al Ministerio de Minas y de Relaciones Exteriores para que entraran en acción y le pusieran cuidado al fenómeno que se estaba presentando, y lo hicieron algunas personas con inquietud más científica que terrorista (sic). Todas esas solicitudes, con excepción de la que se tramitó por intermedio del Ministerio de Minas, no tuvieron éxito. La del Ministerio de Minas era, única y exclusivamente, pidiendo que se llamara a otros cuerpos internacionales con conocimiento en estos procesos y que se les permitiera entrar los equipos. El Ministerio de Minas le trasladó al Ministerio de Relaciones Exteriores, y allí quedamos. En el mes de mayo ya llevábamos cuatro meses, y al alcalde de Manizales de entonces y al señor gobernador se les ocurrió solicitar auxilios a alguna embajada; lo hicieron ante la Embajada de Suiza, que lo tramitó de inmediato a un grupo de Socorro que está constituido en ese país, y para sorpresa de todos y creo yo que del Gobierno Nacional, quince días después había aquí un técnico en la materia con los equipos necesarios para hacer los estudios, si bien no muy profundos, sí para conocer lo que estaba ocurriendo en las profundidades, en las entrañas de la tierra. De inmediato Ingeominas trasladó todo su equipo y mandó cuatro aparatos para detectar movimientos, sismógrafos, tres de ellos malos. Pero uno habría bastado si en diciembre (de 1984) hubiera estado allí para tener una historia de mayor extensión. De todos modos, no aparecieron los equipos hasta el mes de julio, cuando se montaron y, desde entonces, se tiene historia sobre lo que viene ocurriendo en las profundidades del Nevado.

Pero cuando se le pidió al Instituto Agustín Codazzi ayuda para tomar aerofotografías que permitieran mantener un control del desplazamiento de aquellas grandes masas de hielo, el Agustín Codazzi se trasladó a Manizales a buscar ayuda. Mientras el departamento pedía la mano del Estado, el Estado se iba a pedir limosna al departamento de Caldas. Da tristeza, y por sentir lo menos, diría que se siente rabia.

Pero sigamos adelante. Cuando se pregunta qué ha hecho el Estado, ya les he contado algo, y cómo ayuda. Es cierto que algunas personas van al sector y ven, y se vuelven de pronto conmocionadas o van más con curiosidad, que por estudio. Y, finalmente, cuando se pregunta la gente frente al Estado, cómo coordina todos esos aspectos, nos encontramos con que está coordinando bajo presión cívica, con la ayuda de unos hombres que tienen magnífica voluntad, que sacan tiempo de su tiempo, pero el Estado, como coordinador inmenso, no ha hecho acto de presencia. Todavía se lamenta mucha gente de los trámites que hay que hacer frente a algunas entidades en la ciudad de Bogotá, que son desatendidos en muchos casos, olvidados en los otros, diluidos en ese mar de papeles en que se constituye la administración".

¿Por qué nadie escuchó la súplica de Jaime Ramírez Rojas, otro de los representantes que instaron al gobierno tomar en serio lo que estaba por ocurrir? Según dijo Ramírez, "Que no se diga aquí, señores ministros, representantes de este Estado en el ejecutivo, que no es necesario tomar una acción de inmediato. Dios quiera que tales fenómenos no lleguen al extremo, pero Dios quiera que esto nos sirva de lección, para que no nos tome por sorpresa una tragedia de mayor cuantía. Aquí hay que terminar como el Presidente lo hace con gran frecuencia en sus intervenciones: "Que Dios nos tenga de su mano".

¿Por qué esa súplica, tildada de apocalíptica en ese mismo debate por el ministro de Minas Iván Duque Escobar, mereció una respuesta apenas tibia la cual aseguraba que ya se habían tomado "las precauciones para posibles evacuaciones debidas al desbordamiento súbito de los ríos que bajan del Nevado, y abarcan hasta cuarenta kilómetros a la redonda"? ¿Por qué nadie escuchó las siguientes palabras del representante Guillermo Alfonso Jaramillo en la misma sesión de la Cámara de Representantes? "En caso de súbito y progresivo pero incontenible deshielo la población de Armero sería gravemente afectada. En esa ciudad no se ha instruido a sus habitantes para enfrentar una situación como es. Lo peor es que no se cuenta con los mecanismos suficientes y efectivos, y con mentiras piadosas como las dichas por el gobernador del Tolima, no se remediará el problema".

Al hablar por segunda vez con María Eugenia, comencé a entender por qué esas preguntas no tenían respuesta, por lo menos para los habitantes del pueblo. Las otras, sobre la responsabilidad del gobierno de Belisario Betancur, no han sido lo incisivas a lo largo del tiempo y se han quedado en el olvido como los miles de sobrevivientes que cada 13 de noviembre vuelven a ver las imágenes de los noticieros sin que nadie haya hecho mucho por ellos. En cuanto a los habitantes, y en particular María Eugenia, ella me dijo que jamás creyó fuera verdad que su pueblo había desaparecido para siempre de la faz de la tierra, cegado por cuatrocientos cincuenta millones de metros cúbicos de agua que bajaron por el valle arrastrando todo lo que encontraron a su paso. Ni siquiera el 14 de noviembre cuando se encontró a dos pilotos en el ascensor del Intercontinental, quienes habían aterrizado de emergencia en Cali tras la explosión del Ruiz, y conversaban sobre la desaparición de Armero. "Yo llegué a las tres de la tarde de ese 13 de noviembre a Cali. A las siete de la noche tuvimos el coctel de bienvenida. Nos reunimos con las demás delegaciones y ya las demás personas se mostraban preocupadas y me buscaban como presidenta de las Damas Grises manifestándome su angustia por lo que podía pasar en Armero. Había una alerta. Todos me decían más o menos lo mismo: "oiga, María Eugenia, ¿y usted por qué no se ha salido de Armero? Mire todo lo que han dicho, lo que están diciendo". Y yo les respondía: "A Armero no le va a pasar nada". Yo estaba segura de que a Armero no le iba a pasar nada. Estaba segura. El último deshielo había ocurrido hacía veinte días y había sido por el río Gualí, entonces, como yo era del comité de emergencia nos reuníamos con mucha frecuencia con el alcalde Manuel Ramón Rodríguez y un grupo de gente de Armero, pero lo que estábamos luchando era para que dinamitaran la represa del Cirpe, en donde estaba formado un charco de agua. Llamamos e insistimos todo el año con el Ministerio de Obras Públicas. En julio dijeron que no había plata para dinamitar eso. Que así se quedaba. La gente me paraba en la calle y me preguntaba si iba a pasar algo y yo les contestaba lo que nos habían dicho: que siendo el Gualí el que iba a desbocarse, el pueblo que estaba más en riesgo era Honda. Me da culpa eso. Me da culpa de que le di seguridad a mucha gente. Mucha gente de Armero sí se fue porque estaba angustiada porque el volcán iba a explotar. No recuerdo sus apellidos. Pero me acuerdo de una familia que vivía al lado de una amiga mía, Juliette de Torres, que se fue unos días antes".

Durante ese año, dice María Eugenia, las noticias fueron contradictorias. Y es cierto. Después de revisar los archivos de los dos periódicos de circulación nacional, El Tiempo y El Espectador, uno puede ver que así como hay argumentos científicos, hay otros casos en los que portavoces del gobierno desautorizan esas voces de alarma. Algo parecido le ocurrió, de manera regional, a Gustavo Álvarez Gardeazábal quien, a pesar de su insistencia, tuvo que ver desde su finca en Cartago, cómo la erupción del volcán documentada desde la colonia por Fray Pedro Simón en sus Noticias Historiales.

Propiedades del volcán de Mariquita y de lo que sucedió cuando reventó entre esta ciudad y el poniente, á diez y seis leguas de distancia, á donde parte términos con la de Cartago por partes montuosas y partes rasas, está un volcán, el más notable de este Reino, el cual es un cerro redondo nevado, altísimo, que de pocas partes del Reino se deja ver en tiempo sereno, por la nieve de que está cubierto toda la vida, y entre aquella envejecida nieve, está siempre saliendo una pirámide de humo, que se ve algo encendida en las más oscuras noches. Los rastros de piedra pómez, azufre y arena menuda negra que hay á muchas leguas de sus contornos, en especial á la parte de esta ciudad de Mariquita hasta el Río Grande, dan claras muestras de haber en otros tiempos reventado este volcán por cumbre y sembrado todas estas cosas; pero la reventazón que con evidencia vieron y oyeron los de este Reino fue á doce de Marzo, domingo de Lázaro del año de mil quinientos noventa y cinco (1595), como á las once del día, cuando dio tres truenos sordos como de bombarda, tan grandes que se oyeron más de treinta leguas por toda su circunferencia, causados de haber reventado este cerro por bajo de la nieve por el lado que mira al Este y nace este río Gualí. Abrió de boca más de media legua, en que quedó descubierta mucha piedra azufre, y debió sin duda hacerse la reventazón por el lado y faldas que siempre las tenía abiertas por muchas partes, á causa de que debe tener fuego muy profundo, y la boca de la cumbre muy angosta, y poder por allí vomitar tanta maleza como arrojó en esta ocasión. En la parte por donde reventó ahora tienen su principio dos famosos ríos, el que hemos dicho de Gualí, vecino á esta ciudad, y otro mayor que él, á cinco leguas camino de la de Ibagué, que llaman el de la Lagunilla, ambos, como hemos dicho, de la nieve que se derrite de lo alto. Estos debieron atajarse con la tierra que arrojó la reventazón, y rebasando algún tiempo sus corrientes, salieron después con tanto ímpetu, ayudado por ventura de nuevas fuentes que se abrieron en esta ocasión, que fue cosa de asombro sus crecientes, y el color del agua que traían que más parecía que agua, masa de ceniza y tierra, con tal pestilencial olor de piedra azufre que no se podía tolerar de muy lejos. Abrasaba la tierra por donde se extendía el agua y no quedó pescado en ninguno de los dos que no muriese. Fue más notable esta creciente por el río Gualí, que por el Lagunilla, cuya furia fue tal que desde donde desemboca por entre dos sierras para salir al llano, arrojó por media legua muchos peñascos cuadrados, en que se echó de ver su furia más que si fueran redondos, y entre ellos uno mayor que un cuarto de casa. Ensanchóse por la sabana más de media legua de distancia por una parte y otra, mudando por la una de nuevo la madre, y anegando la inundación todo el ganado vacuno que pudo antecoger en cuatro ó cinco leguas, que fue así extendido hasta entrar en el de la Magdalena, abrasando de tal manera las tierras por donde iba pasando, que hasta hoy no han vuelto a rebrotar sino cual y cual espartillo. No se sabe haber hecho otros años".

*

El viernes 13 de septiembre de 1985 comenzaron los anuncios en los periódicos aunque, como se deduce después de su lectura, eran más tranquilizadores que otra cosa. En El Espectador del viernes 13 de septiembre de 1985, dos meses antes de la tragedia, aparece una noticia en primera página: "Erupción de ceniza en el Nevado del Ruiz". "Del volcán Arenas están saliendo diariamente cien toneladas de agua azufrada que cae a los ríos que nacen en el cráter, que son Ríoclaro y sus afluentes El Azufrado, Lagunilla y río Recio". Dice además que las emanaciones de gases y agua del cráter se registraban desde el mes de diciembre de 1984, al lado de una actividad sísmica intensa. El comité de riesgo volcánico presidida por el ingeniero y geofísico Gonzalo Duque, hacía una serie de recomendaciones como no viajar al nevado mientras persistiera la situación pues se podían presentar grandes borrascas en los ríos que nacían en el volcán (...) "por lo que los moradores de sus riberas deben permanecer en estado de alerta". Después se incluyen advertencias como utilizar pañuelos húmedos sobre nariz y boca para contrarrestar los efectos de los gases azufrados, y una de esas declaraciones institucionales en las cuales "las autoridades de comprometen a divulgar un plan de información a la comunidad sobre la forma de enfrentar cualquier emergencia que se presente por la actividad volcánica del cráter Arenas", acordado entre el gobernador de Caldas, Jaime Hoyos Arango, el alcalde de Manizales, Kevin Ángel Mejía, el comandante de la policía, coronel Jesús Emilio Duque, y el director de la Defensa Civil, Omar Gómez Ospina.

No obstante ese plan de emergencia, al día siguiente, en el mismo El Espectador, se lee un titular más alentador: "No ofrece peligro erupción de ceniza del Nevado del Ruiz". Escribe el corresponsal, Evelio Giraldo, que el mismo Comité de Riesgo Volcánico "tras un concienzudo análisis de los fenómenos que se están presentando en el cráter Arenas del Nevado del Ruiz" estaba convencido de que la liberación de energía registrada en el volcán le restaba potencia a una posible erupción. Las amenazas más graves se presentarían, según los legos, en los lechos de los ríos conectados al hielo del volcán. Si se presentaba un sismo fuerte, el calor de las rocas podía favorecer el desprendimiento de masas de hielo y, eventualmente, de alguna ladera inestable, pero no mucho más. Después de hacer una cronología de la actividad del volcán, en la cual se anuncian ruidos muy hondos, y "altas columnas de vapor de agua" y de no poder recoger información fiable de los sismógrafos, se lee que, de acuerdo con el informe científico, una erupción ocasionaría una precipitación torrencial acompañada de tormenta eléctrica y granizo abundante. Como resultado de lo anterior, podrían bajar borrascas y crecientes por los lechos de los ríos. El resto del territorio aledaño vería el cielo oscurecido por una densa nube que se extendería desplazada por los vientos con cenizas suspendidas y pequeñas partículas que podrían ser transportadas y depositadas en una vasta geografía. "La fuerza de los vientos no es suficiente para transportar piedra más allá de la ladera del volcán", aseguraban los expertos.

Por su parte, el sismo se reduciría en Manizales y otras poblaciones a un leve temblor que en algunas zonas no es perceptible si está alejada de la montaña. Y finalmente concluye el informe con las precauciones de siempre: ante las cenizas, pañuelos secos; si los gases son azufrados, pañuelos mojados; de caer más cenizas, cierre de plantas de tratamiento de agua".

"Algo se comentó", me dice María Eugenia. "Me acuerdo que mi papi, como en septiembre, me mostró el reporte de Max Henríquez. Él lo estaba leyendo en el comedor y yo estaba en la cocina cuando me dijo: "mija venga, venga, mire lo que están diciendo acá". Y lo único que le preocupó, después de que lo leímos, era que las tierras de Armero iban a quedar sin ningún valor. Lo que es no pensar en lo que se avecinaba. El pensamiento de mi papá solo era "¿y ahora quién nos va a comprar las tierras?".

María Eugenia me dice que del Servicio de Educación Nacional (SENA), fue un grupo por la misma época a dictar unas conferencias en prevención de desastres. Sus hijas y su mamá fueron, como cientos de armeritas, a la iglesia pero de eso sólo quedaron recuerdos vagos. A ellos sí les dijeron que una avalancha podía tener metros de altura. Pero como podría ocurrirle a cualquiera, ante la inminencia de una noticia como esa, los cálculos más exagerados les daban para pensar que, si era uno o dos metros, las niñas, es decir, sus hijas, ya sabían nadar y no habría problema. Aunque en sus cálculos aparecía, a veces, la perspectiva de que fueran kilómetros de altura, ninguno de los habitantes tenía la capacidad de discernir con claridad lo que podía ocurrir.

A menos que alguien hubiera tomado en serio la nota de Arnulfo Sánchez, en El Tiempo del miércoles 18 de septiembre, en la página 10D:

SOS por represamiento del río Lagunilla

Ibagué, 17. (Por Arnulfo Sánchez). - El río Lagunilla represado en el Cañón de la Vereda "El Cirpe", jurisdicción de El Líbano, amenaza con arrasar Armero, población del norte del Tolima habitada por 35.000 personas.

La presa que se ha formado en los últimos meses contiene 1,3 millones de metros cúbicos de agua, una profundidad de 25 metros y alcanza kilómetro y medio de longitud y veinte metros de ancho.

La inmediata evacuación del 70% de la población fue recomendada por socorristas de la Cruz Roja del Tolima, a través del médico Ramiro Lozano Neira y del sargento Atilano Salgado.

Técnicos que visitaron el lugar comprobaron que las aguas están represadas entre enormes rocas que se han desprendido en los últimos días.

Consideran sin embargo, que para romper la presa abriéndole un gran boquete, se requiere una estricta asesoría técnica porque de lo contrario "podría producirse una tragedia de grandes proporciones.

Las fumarolas emanadas del cráter del nevado del Ruiz, donde nace el río Lagunilla generaron una sicosis y pánico entre los habitantes de Armero. El alcalde Ramón Antonio Rodríguez lanzo un SOS a organismos internacionales y advirtió que el represamiento de las aguas comenzó a producirse desde el año pasado "pero hasta el momento no se ha prestado atención a los llamados de la ciudadanía y las autoridades locales".

El presidente de la Cruz Roja, Ramiro Lozano, restó importancia a los rumores sobre una posible erupción del nevado del Ruiz, lo que obligó a suspender temporalmente el servicio de acueducto.

Lozano Neira urgió al gobierno para que inicie los trabajos de prevención en las represadas aguas del Lagunilla.

Por su parte, el sargento Atilano Salgado dijo que continúan registrándose desprendimientos de roca que han empeorado las condiciones del terreno. "Las gentes están preocupadas por lo que pueda ocurrir", advirtió.

Un grupo de geólogos visitará el lugar este sábado para estudiar las condiciones en que se hará la operación de rompimiento de la presa única alternativa planteada para evitar una tragedia.

Ingenieros, topógrafos y técnicos de Ibagué, Líbano y Armero se trasladarán este sábado a la presa natural ubicada a unos diez kilómetros al norte de Armero, para evaluar sobre el terreno, sus características y acometer de inmediato los trabajos que sean necesarios".

La detonación de la represa nunca se produjo, como dice María Eugenia. Los que sí llegaron al país fueron científicos internacionales que emitieron conceptos como el que reseña El Tiempo, el 19 de septiembre, en la página 9E: "Vulcanólogos de Italia, Estados Unidos y Costa Rica se incorporarán en las próximas horas a la comisión científica que investiga y procura controlar el fenómeno volcánico del Nevado del Ruiz, cuya fumarola descendió de 2.500 a 600 metros de altura, en dos días, por la ausencia de aguas lluvias en la zona de emergencia". (...) El físico Gonzalo Duque Escobar, no obstante, afirmó que: "la erupción no es cosa segura, hay que ponerle buena cara al problema. De producirse una nueva lluvia de ceniza los caldenses tendremos la oportunidad de mirar un espectáculo realmente bonito, dispensado por la naturaleza". Entre espectáculos naturales y voces de tranquilidad, el gobierno anunció un plan especial de emergencia y prevención para evitar una eventual catástrofe en regiones cercanas al Nevado del Ruiz y estimó en un 25% las posibilidades de una erupción en ese lugar del país.

Descalificó, al mismo tiempo, versiones de medios televisivos según los cuales sería necesario evacuar la ciudad de Manizales ante la inminencia de una erupción de ese Nevado. "No hay razón alguna para que se creen situaciones de alarma de esta naturaleza", dijo el secretario general del Ministerio de Minas y Energía, Iván Darío Cadavid. El funcionario precisaba que a nivel mundial, de cada cuatro volcanes que presenten una situación similar a la que se vivía en el Nevado del Ruiz, apenas uno entraba en erupción.

El ministro de Minas, Iván Duque Escobar, actuaría como coordinador general del programa definido por el alto gobierno en el que participan Ingeominas, Inderena, el Instituto Geográfico Agustín Codazzi, el Instituto de Asuntos Nucleares, la Defensa Civil y el Instituto Geofísico de Los Andes, entre otros. Y el presupuesto que se le asignaba a la misión era $20 millones.

Así, en el pueblo comenzaron a confiar en que todo estaba previsto para una eventual catástrofe. Había comités nacionales, científicos internacionales, voces de calma. Además, el 1 de octubre apareció un completo artículo en El Espectador titulado "¿Despierta el volcán del Ruiz?" en el cual se señalaban los aspectos geofísicos y naturales que ocurrirían de haber una erupción, que concluía con la siguiente perla: "Por ahora causa asombro ver cómo la naturaleza cumple sus citas tan exactamente, lástima que aún no sepamos por qué esos períodos tan largos. Son 390 años los recorridos sin problemas y debemos estar preparados para afrontar las consecuencias de lo que según un experto y positivista (Sic) vulcanólogo sería "un espectáculo maravilloso de la naturaleza".

Como suele ocurrir en Colombia, donde una noticia de una catástrofe anunciada no podía convertirse en titular antes de ser una realidad, llegó una nueva noticia a Armero, en octubre, que sepultó los rumores que se esparcían sobre el volcán. Ese mes una comisión de la Cruz Roja visitó el pueblo para advertir sobre los posibles peligros de una incursión guerrillera de las Farc. Aunque durante mucho tiempo ese fantasma había rondado las conciencias de quienes vivían en el pueblo, las Fuerzas Armadas Revolucionarias de Colombia comenzaban a convertirse, a mediados de los años ochenta, en una fuerza con miles de soldados que tenía un poder militar que no se debía menospreciar. "Nos dijeron que la guerrilla andaba por Santuario, y que estaba próxima a tomarse el pueblo. Lo que hicimos fue pintar una cruz blanca en la sede de la Cruz Roja, y otra en el colegio de las monjas, en la Sagrada Familia. Eso explica por qué, el 13 de noviembre, mucha gente corrió hacia allá pensando que ese era el punto de encuentro que servía tanto para salvarse de una incursión guerrillera como para una eventual avalancha. Cuando ocurrió la tragedia, el 13 de noviembre, la hermana Emma, quien sobrevivió, me contó que era tal la cantidad de gente que llegaba que ellas decidieron reunirse en el oratorio, sacaron las ostias, las empacaron, y comenzaron a pedirle al señor que lo que sonaba no fuera una avalancha."

María Eugenia interrumpe el relato. Le insisto entonces por qué nadie dijo nada, por qué nadie insistió en que salieran. "Mire, la gente estaba tranquila. Le pongo varios ejemplos: Edgar Torres, director del museo Arqueológico Charles Darwin, no paró de hablar por el altavoz de la Iglesia diciendo que todo el mundo estuviera tranquilo. El cura, esa noche, aunque presintió lo que se venía, le dijo a las mismas monjas, es decir, a gente de su misma ralea, que no se preocuparan, que la lluvia de ceniza no era nada, que todo se podía controlar poniendo trapos mojados en los hendidos de las puertas. La telefonista de El Bosque, que llamó a decir que el río se estaba viniendo y arrasando con todo, llamó a la Cruz Roja y habló con el presidente de socorrismo Fernando Barrios y el director de los Bomberos, Campo Elías Castro, y como el alcalde no estaba esa noche, Barrios fue adonde el Capitán de la Policía a informarle sobre la llamada y él le sugirió que mandaran a unos cuantos socorristas a vigilar la orilla del río y a evacuar esa zona. Él mismo se murió ahí con su esposa y con sus dos hijos. El alcalde también se devolvió y ahí quedó. Campo Elías cogió el carro de bomberos y no puso la alarma como le dijo la telefonista y se dedicó a dar vueltas por el pueblo pidiendo calma, diciendo que recogieran agua, que permanecieran en sus casas, que nada iba a pasar".

El 5 de octubre se publicó en El Espectador otra nota alentadora en la cual se decía aquello que no ocurrirá por la actividad y una posible erupción del Ruiz. Ninguno de los tranquilos habitantes de la región debía angustiarse por intoxicación con gases, ni esperar piedras volando y cayendo sobre la ciudad y los municipios, fuertes temblores en la ciudad y municipios, oscuridad completa, ruptura de vidrios en las casas y edificios, cortes de electricidad, falta de agua o contaminación, explosiones al cocinar con gas, electricidad, carbón y otro combustible. Nada de eso, tampoco había que pensar en ríos de lava corriendo por las calles, grandes capas de ceniza derrumbando los techos de las casas e incluso órdenes de evacuación de edificios y habitaciones.

Además, el artículo señalaba lo siguiente: "Usted podrá si está cerca al volcán: Contemplar el fenómeno natural si la visibilidad lo permite; ir caminando al colegio o guardería por los niños pequeños usando siempre el pañuelo mojado sobre la nariz; llegar a su casa caminando desde el sitio de trabajo o en aquel donde se encuentre dentro o fuera de ella; permanecer en su casa mientras dura el episodio para tener menos posibilidad de respirar ceniza que pueda irritar las vías respiratorias". El tiempo máximo de la caída de la ceniza, se insistía, sería de de seis a doce horas.

A eso habría que sumarle un titular en primera página de El Tiempo, el martes 8 de octubre, un mes y cinco días antes de la tragedia: "Científicos descartan una erupción catastrófica en Nevado del Ruiz". Las hipótesis señalaban las siguientes probabilidades remotas de una avalancha:

"1. Flujo de lava. Las posibilidades son apenas de un 8%. De ocurrir, tendrá un área de influencia de 90 kilómetros cuadrados. 2. Flujo piroclástico. Aquél que expulsa piedras calientes y frías. Su alcance estaría entre 10 y 20 kilómetros. Las probabilidades son del 21%. De llegar a producirse, su efecto se prolongaría a través de los ríos. Se calcula que podría alcanzar un espesor de 300 metros, pero este tipo de fenómenos sólo ocurren cada mil años. 3. Explosión lateral. Consiste en que el cráter podría romperse por un lado. En tal caso, el efecto sería similar al de una bomba atómica y el flujo de material podría alcanzar velocidades de hasta 500 kilómetros a la redonda.

4. Emisión o lluvia de cenizas, que es lo que viene ocurriendo. Las probabilidades de erupción son del 67%. En este caso, que es el más probable, los daños consistirían en daños a cultivos y residencias, aumento de caudales de varios ríos por el deshielo y el flujo de lodo. La velocidad depende el viento, pero llegaría a afectar a Manizales".

En cado uno de los casos citados, habría, inevitablemente, flujo de lodo e inundaciones. Los niveles de los ríos podrían crecerse entre 12 y 30 metros, pero la velocidad del lodo sería lenta lo que permitiría evacuar a la población fácilmente. Como ejemplo se citó Armero, ciudad que sería evacuada sin peligro en dos horas.

Las regiones del departamento del Tolima cercanas al nevado serían las que llevarían la peor parte, al igual que las del Gran Caldas. Los expertos se refirieron especialmente a Armero, Mariquita, Ambalema, y Murillo, al que igual que a las partes bajas del río Chinchiná.

Dos horas sin peligros, decían los expertos, y era lo que creían los habitantes de Armero. Ellos, tal vez, no tenían la capacidad para predecir el día y la hora en la que se produciría una avalancha como la que borró Armero. Sin embargo, dejaron claro las consecuencias. Nadie las atendió. Si las hubieran atendido las autoridades, los miembros del Comité, o cualquiera que tuviera la capacidad de leer entre líneas la lluvia de ceniza que comenzó a caer sobre el pueblo desde las cuatro de la tarde, algo hubiera podido hacerse.

No sé si la memoria les falló a todas las personas que entrevisté para este libro, pero nadie pudo corroborarme las palabras de varios funcionarios públicos que se encuentran consignadas en el informe del gobierno Betancur El volcán y la avalancha en el que se rindieron cuentas sobre las acciones que antecedieron a la catástrofe. Así, por ejemplo, el Teniente retirado Omar Gómez Mejía aseguró que la Defensa Civil "hizo lo que debía hacer y aún sobrepasó sus misiones cuando trascendió los límites territoriales, llevando un mensaje de prevención y solidaridad". Ninguno de mis entrevistados conoció ni a través de medios de comunicación ni por visitas de funcionarios estatales, según dice el mencionado informe, un mapa de riesgo volcánico realizado por Ingeominas en el que, extrañamente, el riesgo de desaparición de Armero por flujo de lavas era alto. En ese mapa, en color negro, se podía ver con claridad cómo, si el volcán entraba en alguna de las etapas descritas por los científicos ya citados, el flujo piroclástico y de lodo, correría a sus anchas por el cauce del río Lagunilla y antes de llegar a Armero, se abriría en una suerte de media elipse, arrasando con el pueblo. Según dice el informe ese mapa se entregó en octubre de 1985. Tampoco pudieron verificarme las palabras del General Miguel Vega Uribe, ministro de Defensa, según las cuales, al atardecer del 13 se ordenó evacuar el área, "pero la gente no acató el llamado". De acuerdo al diario de trabajo del general, el 13 de noviembre de 1985, a las 5:00 de la tarde: "(hubo) una reunión del Comité en Ibagué. Se recibe información sobre la lluvia de ceniza, intenso olor a azufre y fuerte temporal; se previene a la Cruz Roja de Manizales y Armero; el radioaficionado, Luis de la Torre, HKG-FDE, informa que se intensifica el fenómeno, se ordena a la Cruz Roja de Armero que disponga evacuación. El sargento mayor Atilano (sin nombre en su informe), solicita a Caracol y RCN de Ibagué, informar a Armero, Líbano, Mariquita y Honda que la población debe evacuar; las radio cadenas dan el comunicado". Nadie pudo asegurarme que haya escuchado el mensaje, pero al parecer, ni Radio Armero, ni sus autoridades, ni mi abuelo, ni el padre de María Eugenia que era radioaficionado oyó esa orden. Continúa Vega: "A las 8:00 p.m. suena la alarma del Comité de Ibagué; a las 10:00 p.m. sale un pelotón del Batallón Patriotas hacia Mariquita y un pelotón mecanizado del mismo hacia Armero. A las 11:15 p.m. se tiene la última comunicación con el alcalde de Armero.

Como puede apreciarse, la Cruz Roja Colombiana alertó a la población de Armero, Líbano, Mariquita y Honda que debía evacuar, que debía salir del área, pero la población no acató tal llamamiento. Diversas versiones han indicado que la gente, en su mayoría, no creyó en las advertencias sobre el peligro y pensó que nada pasaría, por lo cual no se retiró de la zona. Fue notoria esta actitud entre los habitantes de Armero, según los testimonios que se han obtenido". No se indican cuáles fueron esos testimonios. Es muy extraño que María Eugenia, a pesar de ser de la Cruz Roja, jamás hubiera sabido de nada de lo que señala Vega Uribe.

Ninguna de mis fuentes tampoco supo de un plan "de maquinarias y trabajadores para obras públicas en el área". Tampoco vieron las "50.000 cartillas que se repartieron durante el 1 al 15 de octubre, con instrucciones para la población".

Tiempo hubo para decirle a la gente. A las cuatro de la tarde ya se sabía que los signos del volcán no eran simples emisiones de humo. Lo único que no tocaba decir era: "saquen pañuelos y cuiden sus equipos de sonido, acá nada va a pasar".

El río ya sonaba como una tromba a esa hora. La ceniza no había parado de caer desde la tarde. La gente siguió con su vida. Y esa noche se murieron 25.000 personas así.

María Eugenia mezcla los recuerdos pues sabe que, de los días que sobrevinieron a ese 13 de noviembre, muchos están borrados. Vuelve a Cali. Piensa en esa noche en la que estaba en aquella reunión de las Damas Grises. Recuerda que a las 9 de la noche una mujer se le acercó y le dijo que algo iba a pasar en Armero, que se preocupara de verdad. Ella no le creyó. La mujer insistió y sentenció: "Acuérdese de mí: el Líbano va a poner el ruido y Armero, los muertos". Yo le dije: "Se ve que los del Líbano nos quieren mucho". "Por fin se acabó el coctel. Yo dormía en mi cuarto del hotel con la presidenta de las damas del Líbano que era Estelita de Arango. Ella sabía la proporción de lo que iba a pasarnos. Sabían que el río a ellos no los cogía porque pasaba por el lado. Me acordé que el 7 de agosto yo había estado en una convención de Damas Grises en Murillo, de la zona 7, y nos llevaron al Ruiz, y ya se le veían peladitos a la cumbre. Es lo que es no pensar, no captar, entonces ellas sí sabían la proporción; lo entendían más que nosotros. Uno no quería creer porque uno quería su terruño y se empeñaba en decir: acá no va a pasar nada".

"Ahora ato cabos, fíjese. A las 10 de la noche prendí el televisor. Hernán Castrillón en ese momento estaba diciendo "acaba de explotar el Nevado del Ruiz", y lo que es no querer creer, me volteé y le dije a Estelita: "ay, voy a llamar a mi mamá". Y comencé a marcar. ¿Cómo estarán mis papis? ¿Será que Tania Camila pasó el examen? Cuando llame y llame y no me pude comunicar. Así que llamé a mi cuñada, Mariam, que vivía en Cali y le pedí que se comunicara con mi mami y que le dijera los números del hotel y el de la habitación porque no me entraba la llamada. Al rato sonó el teléfono y era Mariam: "Acabo de hablar con doña Tura y me dice que está cayendo mucha ceniza, y yo le dije que se fuera de Armero con el viejo y con las niñas para Lérida. Que se salieran de Armero. Me dijo que no, que el viejo dijo que no va a pasar nada". Esa noche había un partido de fútbol y todo el mundo estaba en eso. Entonces Severito Angarita, mi vecino, se pasó a hablar con mi papi del partido y todo eso, Tomatico, que era el hijo, le dijo a mi papá, "Doctor, ¿Cómo estamos?". Y mi papá le dijo, "No, muy tranquilo".

Según los testimonios de varios sobrevivientes recogidos en la prensa por periodistas que escribieron conmovedores relatos como Javier Darío Restrepo, Jorge Eliécer Pardo y Germán Santamaría -autor, además, de la novela No morirás, que sucede en los campamentos que hicieron los sobrevivientes en Lérida después de la tragedia-, lo primero que llegó a Armero fue una gran cantidad de agua. La represa se vino encima del pueblo y se inundó trayendo piedras gigantes. Unos veinte minutos después fue la avalancha. "Supe de mi familia esa noche en la tragedia, dice María Eugenia, por un monito que anduvo buscándome como seis meses después de esa noche y al que yo me le escondía pues me dejaba razones de que quería conversar conmigo porque fue el último que la vio con vida. Una tarde como a las dos, llegué a Resurgir -la oficina creada por el gobierno para atender o mal atender a los damnificados- y me lo encontré. Me dijo que mi papá tenía un radioteléfono en la mano. Me dijo que ellos iban en una volqueta llena de gente y cuando llegaron a la calle octava, por donde bajaba el lodo, se devolvieron hacia la séptima y lo mismo. Cuando pasaron por el frente de mi casa, mi papá, que estaba asomado a la ventana les gritó: "¿Qué les pasa?". "No, que ya viene el barro por acá y por allá", le dijo alguien señalando las calles adyacentes a la casa de los Caldas. "Pues sigan", dice María Eugenia que les propuso su papá. Y agrega: "Para que mi papá invitara a su casa tenía que estar sucediendo algo muy grave". Toda la gente se bajó de la volqueta y se entró a la casa. El muchacho me describió exactamente la casa. Por eso le creí. Me dijo que en el techo estaba Janeth Londoño con toda su familia, su mamá y sus hermanos. Su mamá y sus hijas estaban también arriba. Y toda la gente de la volqueta se subió al techo. Su papi y yo nos quedamos en la puerta de la casa. Entonces mi papá dizque trancaba la puerta que daba al patio, cuando en el radio oyó que lo que se estaba viniendo era horrible, que estaba arrasando el pueblo. "Lo que hicimos fue subirnos al techo de la casa", me dijo el muchacho, "y en ese momento, se cayó la casa. He caminado desde esa noche buscando a las personas que estaban en ese techo por todos los campamentos, y quiero decirle que el único que se salvó fui yo."

En Cali, mientras el techo se caía, la lava corría por el cauce del río, y se convertía en un lengüetazo furioso que se comía a Armero, María Eugenia se acostaba a dormir. "Tengo una laguna muy grande. Recuerdo que me llamaron diciéndome que lo que estaba pasando era terrible. Pero no me acuerdo sino hasta que desperté. Me puse la bata y bajé al lobby del hotel. Yo estaba en el piso séptimo. Cuando se abrió el ascensor no sé en qué piso, entraron dos pilotos buenmocísimos. Seguramente yo tenía cara de pánico porque uno de ellos me preguntó: "Señora, ¿qué le pasa?". Yo les dije: "No, que dizque el Nevado del Ruiz explotó, que algo pasó en Armero". Los muchachos se angustiaron mucho y me dijeron: "Señora, lo único que le podemos decir es que nosotros no teníamos que estar aquí en Cali. Nosotros pasamos sobre el nevado cuando hizo explosión y nos reventó el parabrisas. De emergencia aterrizamos en Cali". Ellos se quedaron conmigo en el lobby. Serían como las cinco de la mañana. Los muchachos me acompañaron, me dijeron que no perdiera la esperanza, y yo dele con que debía comunicarme con Armero. Al ver que no podía comunicarme, me subí al cuarto y me acordé que las presidentas del Guamo y del Espinal, Lucerito y Amparito, eran vecinas y me entré a su cuarto. Al verme, saltaron sobre el radio y lo apagaron. Les grité: "no lo apaguen, no lo apaguen, préstemelo". En eso le arrebaté el radio, lo prendí y me puse brava, como un erizo. Yo no entendía nada. No sabía qué estaba pasando. Luis Rivera era un piloto amigo mío que había vivido en Armero y su voz fue lo primero que escuché. Comencé a gritarle al radio: "Pero cómo se le ocurre decir algo así Luis, no sea miserable, usted vivió en Armero, cómo va a decir eso". Mi Dios me iluminó haciéndome incrédula de todo. Imagínese. Si hubiera creído se me borra la película". María Eugenia me dice que puede recordar la cara de angustia de sus acompañantes pero me insiste en que no podía entender por qué estaban así. ¿Por lo que decía Rivera? Eso no podía ser verdad. Nadie podía creer, si no lo estaba viendo, que ese pueblo de más de 40.000 habitantes fuera un playón a esa hora de la mañana. Que todo estuviera sepultado bajo las rocas y el barro. "Y dele con la voz del radio: que terrible, que están sobrevolando, que Armero desaparecido. Y los periodistas comenzaron a hablar. Oí radio todo el día, no sé cómo me duraron las pilas. Yo oía un poquito y empezaba a pelearle a los periodistas. Me fui a bañar. Bajé a desayunar pero no probé bocado porque no me entraba la comida. Al comedor entró el doctor Llinás, uno de los vicepresidentes de la Cruz Roja, con un telegrama de Ramiro Lozano, el presidente de la Cruz Roja del Tolima que me había mandado a buscar. Él bregó a comunicarse conmigo y no pudo, entonces me mandó el famoso papel. Me dijo el doctor Llinás al entregarme el Marconi, "su familia la necesita, María Eugenia. Usted tiene que viajar ya". Cuando oí esas palabras me puse a llorar. Eran las mismas que me dijeron cuando Germán, mi esposo, se había muerto hacía ocho meses. Lloré y grité una y otra vez diciendo "no, no, no, no". Él me abrazó y me llevó a las oficinas de la Cruz Roja de Cali. Comenzamos a buscar un helicóptero para que yo pudiera viajar. Pero a esa hora no había nada. Todos se habían ido para Armero. Al rato me devolví para el hotel y me mandaron una van nueva a recogerme. Me iba en carro. La convención había terminado pero aún faltaba elegir la nueva junta nacional de las Damas Grises. No me pregunte por qué pero yo me empeñé en que no podía irme sin votar. Yo insistía en que tenía que estar en la elección porque para eso me habían mandado mis compañeras y no podía llegar con las manos vacías a Armero. Yo no entendía. Nada. No entendía por qué todas tenían cara de compungidas, por qué me llevaban regalos al puesto en donde me senté para la votación. Yo estaba en la parte de atrás. No dejaba que nadie se me sentara al lado. Mi hermano que vivía en Cali llegó en ese momento y me le puse brava. Todo me fastidiaba. Yo pasé a votar y todas me miraban como una loca que estaba votando por la nueva junta cuando Armero había desaparecido. Le repito: yo en ese momento no entendía nada. Al rato almorzamos. Y como a las tres y media, las presidentas de la zona siete, que era Tolima y Huila, me acompañaron en el carro. Comenzamos el recorrido y en eso que íbamos por Santa Lucía, Valle, en donde venden unas gelatinas de pata deliciosas, Hilda de Ocampo dijo que paráramos a comprar que a Seferino, su esposo, le encantaban. Yo iba en un puesto sola. Brava. Y yo no soy brava. Y oiga en el radio que heridos y muertos. La gente del carro se puso a gritarle a Hilda que cómo se le ocurría pensar en gelatina, que qué cuento de gelatina ni que ocho cuartos, que íbamos por María Eugenia. El chófer le dijo a la señora que si yo autorizaba él paraba a comprar la gelatina. Yo le dije: "párele para que le compre las gelatinas". Y comenzó la pelea entre ellas pero yo no dije nada. Me aferré al radio mientras el carro, después de haber comprado las famosas gelatinas siguió su camino. En Calarcá paramos a comer. Yo solo tomaba agua. Estaba ya oscuro cuando llegamos a Ibagué. Los ruidos de las ambulancias eran terribles. Por todas las calles pasaban. Por fin pudimos llegar hasta la sede de la Cruz Roja. Lo primero que hice al ver ese montón de gente fue tratar de ubicar a Ramiro. Me encontré con Otilia Helena, su secretaria. Me dijo: "el doctor está en la Brigada, pero me dejó orden de que apenas llegara usted lo llamara". La gente comenzó a abrazarme. Ahora que lo analizo todos me acomodaban el pésame. Una cantidad de gente diciéndome "Ay, María Eugenia", "Ay". Cuando vi a Augusto Méndez, ahora notario de El Espinal me abracé a llorar. Él era un cariño verdadero. Los demás eran como por cumplir, pero él no. Así que comencé a decirle: "Augustico, ¿por qué todo a mí? ¿Por qué?". La gente cuando me vio así comenzó a decir: "No, tranquilos que no ha pasado nada, están saliendo ya todos": Entonces las Damas Grises no se me despegaban, así que me entré por el despacho de Ramiro y me encontré a Chavela, que vivía a la vuelta de la esquina de mi casa en Armero, una vecina mejor dicho. Al verla me le abalancé porque creí que si ella estaba viva mis papás y mis hijas también. "Chavela, ¿y mis hijas y mis papás?". "No, no, María Eugenia, yo me salvé en frente a tú casa subida a un árbol con el doctor Mondragón. No vi a tus hijas, ni a tus papis". Las Damas Grises me la quitaron y me dijeron que yo no podía hablar con nadie. Me emberraqué de verdad y comencé a gritarles que me dejaran sola, que me dejaran en paz. Tengo que encontrarme con la gente de Armero. Yo seguí caminando y vi una volqueta y veo que se baja un socorrista de apellido Nieto y le digo: "mijito, mijito, ¿dónde están mis hijas?". Me contestó que él no las había visto, pero que por el lado de Cambao había salido Toyita, una prima hermana de mi esposo. Que estaba con sus hijos. Luego quisieron darme una pasta para los nervios, el mismo Ramiro, que había llegado. "Yo no recibo nada, le dije. Présteme un carro que yo me voy para Armero, préstemelo. Yo me voy". "No, Maruchita, no podemos viajar, mañana a las cinco de la mañana te recojo".

"A las dos y media de la mañana de ese viernes 15 de noviembre sentí un escalofrío. La cama comenzó a temblar como si convulsionara. Me pusieron bolsas de agua caliente y no reaccionaba. Mi tesis es que mis hijas se murieron, quién sabe dónde, a esa hora de la mañana".

*

En el año 2000 comencé a trabajar en El Espectador como aprendiz de periodista en la sección Bogotá. Aunque lo que quería era ser redactor cultural, su editor general de entonces, Ramón Jimeno, por quien entré al diario, me pidió que aprendiera el oficio desde abajo. Así terminé haciendo durante unos cuantos meses la agenda de la Semana Santa, los cortes de agua y luz del día, y algunas notas menores que me encomendaban mis compañeros de sección. Estaba aburrido entre llamadas y tareas menores de reportería cuando conocí a Francisco González. Pacho, como todo el mundo le dice a este hombre de 1.63 de estatura, frente desentejada, risa contagiosa; un tipo que sabe de artes plásticas y gracias a quien terminé en la sección cultural, me contó algún día de esos que estaba trabajando en un libro sobre un tema que lo obsesionaba pues era su propia vida. Estaba escribiendo en ese entonces, en compañía de Federico Cóndor, un libro llamado Epitafios. Cuando mencionó ese nombre le pregunté si él era de Armero. Me dijo que sí, que había nacido en el pueblo en 1961 y que su papá había muerto en la tragedia. Pacho se convirtió en un amigo y con los días terminé, un año después, visitando Armero.

Recuerdo que fuimos una mañana de 2001 hasta la casa de su hermano en Mariquita y al día siguiente madrugamos para ir hasta el pueblo. O hasta ese vasto descampado que se abre después de atravesar el río Guamo y el Sabandija permite ver al lado derecho de la carretera el segundo piso en ruinas del Hospital San Lorenzo en el cual murieron ochenta pacientes el día de la tragedia; la entrada del serpentario que permaneció abandonado durante muchos años hasta que una fundación llamada Nativa lo recuperó, así como la granja experimental, aquél lugar que aparece en la crónica literaria de Carlos Orlando Pardo y que hoy sigue abierta gracias a la Universidad del

Tolima. Recorrimos en silencio y durante una hora las calles muchas de las cuales para entonces aún mantenían un trazado parecido al que quedó sepultado por una década y media bajo el barro. Aún se veían las tapias de algunas casas. Era un paisaje extraño de muñones de cemento a medio pintar; ruinas testigo, mudas, silenciosas, agrietadas; pedazos de muros tras los cuales acaso cientos y miles de personas quisieron correr, salir disparados; paredes que de seguro mutilaron cuerpos y los partieron en dos; me quedé en silencio pensando en cómo podría escribirse sobre algo así. Las palabras no pueden con un paraje desolado y arrasado. El volcán se había llevado hasta el lenguaje. Había que hacer todo de cero. Como lo hicieron aquellos hombres y mujeres que decidieron olvidar las avalanchas de 1845 y de 1595, y volver a edificar allí un pueblo, una hacienda, una estación del tren: San Lorenzo, se llamaba. Y después, cuando los años comenzaran a pasar aquella leyenda documentada del volcán del Ruiz, o de Cartago, se haría eso, una leyenda. Como Pompeya. Como las tragedias que ocurren todos los días en el mundo y que quedan olvidadas para la reseña en periódicos o cifras curiosas de la catástrofe. Pacho hablaba de su adolescencia. Evocaba el club Campestre. A sus amigos. A su padre, Alfonso González Rengifo, quien después lo vine a saber cuando comencé a investigar para este libro, fue político prestante en el pueblo y se lanzó a la alcaldía en los años setenta pero perdió en una contienda cerradísima con Gabriel King. En la campaña, Alfonso había acuñado la frase de batalla, "No vote por el inglés, vote por el Tolima".

Dejé de ver a Pacho por circunstancias de la vida aunque siempre estuve en contacto con él a lo largo de estos diez años. Supe, en 2005, que comenzaba a darle forma a su proyecto de vida, Armando Armero, en el cual lleva empeñada la existencia desde entonces para recuperar la memoria de algo que ya no existe pero que, por su tozudez, no se ha olvidado del todo. Ese mismo año, cuando se cumplían veinte años de la tragedia, leí el testimonio de Luz García, una enfermera que lo había perdido todo en su pueblo y publiqué un capítulo del libro en la revista Arcadia, en donde trabajaba como editor. Pacho me pidió que publicáramos algo de lo que estaba haciendo pero al final no llegamos a nada. Quizá fue descortesía mía, quizá me obnubilé con el testimonio de Luz y finalmente no llegamos a ningún acuerdo. Sin embargo, siempre que pude entré a su página y leí con curiosidad las notas de prensa que salían sobre su proyecto que consiste en hacer una plataforma cultural para que, a través de libros, fotografías, testimonios, y una ruta cultural en el Tolima, la gente no deje de recordar el pueblo que aquél 13 de noviembre, también para él, destruyó muchos de los sueños que había tenido hasta entonces. Lo que ha recogido Pacho es tal vez el archivo vivo más grande de cuanto quedó de Armero. Hay fotografías, testimonios, grabaciones de video, intervenciones en el espacio público, recortes de prensa y un sinnúmero de materiales que caben en su cabeza que no ha parado desde entonces de inventar intervenciones, libros, exposiciones y homenajes para un pueblo que sólo merece imágenes de noticiero cada 13 de noviembre sin que nadie se haya preocupado por saber qué hacen los que quedaron, en dónde están, qué esperan, qué cosas lamentan, cuál ha sido su vida después de la nada.

Me cité con Pacho en su apartamento de Chapinero Alto. Entre computadores portátiles, tableros con cifras, libros sobre vulcanología y una serie de materiales, hablamos durante un buen rato sobre su proyecto y su vida en Armero. Pacho, cinco años después, parecía un estoico aguantando los embates de la vida: por este proyecto renunció a hacer otra cosa, ha financiado de su bolsillo sus innumerables viajes a Guayabal, Lérida, Manizales, Mariquita o donde quiera que haya alguien sobreviviente capaz de redondear una historia que no ha sido contada, aunque, como ya lo he mencionado haya episodios aquí y allá regados en innumerables libros.

Pacho comenzó con la idea del libro Epitafios para "ver cómo transcurrida la avalancha los armeritas habían puesto sus tumbas en el propio lugar en donde había quedado su casa. Se trataba, me parece, de delimitar el espacio arrasado y de decir "esta era mi casa y acá están mis muertos", otros, por mera vocación simbólica.

"Diez años después de la avalancha me di cuenta de que esas tumbas estaban contando una historia, muchas tenían una gran calidad poética. Comencé a viajar cada ocho días a Armero para hacer un registro fotográfico tumba por tumba, por cuenta propia copié las frases. En ese trabajo me di cuenta de que mucha gente no había hecho el duelo. La gente se iba con un termo, y un portacomidas, se sentaba en frente de donde había quedado su casa, y se ponía a llorar. Transcurrida la avalancha se limpiaron algunos sitios y uno, por los baldosines, los pisos, reconocía el lugar en donde había nacido. Me parecía extraño que habiendo transcurrido diez o quince años, la gente siguiera en esa peregrinación. Hablando con muchos me di cuenta de que lo que había allí era la memoria del pueblo. Usted se sentaba con alguien y ese alguien comenzaba a señalar el campo, el monte, diciendo: "en esa esquina está la estación de policía, allá el café", etc. La gente, entonces, tenía que recordar lo que era Armero. Así que pensé que lo que había que hacer era una gran exposición con fotografías para ubicar esos lugares y recordar algo.

Cuando pienso en esos lugares me acuerdo de veinticinco años atrás, el día en que llegué a Armero a buscar a mi papá. En esos días hubo un momento muy especial. Yo estaba sentado sobre una piedra, después de haber buscado su cadáver durante varios días, y tuve un evento muy raro, algo fantástico, no traumático, que obedeció a esa lucha permanente de entonces en donde uno se debatía entre encontrarlo o no, mientras veía sobre el lodo los cadáveres de amigos y conocidos. Cerca a Maracaibo, una vereda a la salida de Méndez, buscando entre los cadáveres de la edad de mi padre, comencé a alucinar un poco: todos se me parecían. Así que me alejé hacia la piedra que le digo pensando en que algo así no podía pasarme. Vi a Armero lleno de lodo, y me surgió una pregunta elemental ¿por qué se acabó el pueblo? La gente se muere. Los familiares de uno se pueden morir en un accidente aéreo, o de carro, y casi siempre hay la posibilidad de saber, acá no, acá el pueblo ya no existía. Yo ya no tenía pueblo. Esa pregunta me persiguió desde entonces. Y se clarificó cuando comencé a escribir el primer libro. Después de años de ir cada ocho días, de hacer una investigación sobre la historia del epitafio, de visitar muchos cementerios y recopilar información, pensé en que lo que yo perseguía era mostrarle a la gente cómo era ese pueblo. El libro se publicó en 2001.

Sin embargo me quedé con la sensación de que yo tenía que decir más cosas. Pasado el tiempo hice una exposición en la galería

Valenzuela y Klenner, de Bogotá, en donde convoqué a una serie de viejos sobrevivientes para que contaran su historia en video. Lo que hice fue proyectar esas historias en ese espacio y me di cuenta de que lo que yo estaba haciendo era una historia de Armero. Había dos asomos de libros en ese entonces, muy bien intencionados, pero demasiado parciales y algo desordenados. El de Hugo Viana y el de Jorge Montealegre. Viana sabía que su libro tenía muchas imprecisiones pues mucha de la gente que escribió especuló mucho, cosa que es normal. Para los viejos Armero es Nueva York. Al no corroborar los datos, muchos parecen salidos de la imaginación: al estadio de Armero le cabían veinte mil personas, dicen, y Armero tenía treinta y un mil, por decir cualquier cosa".

Después de esa experiencia, Pacho siguió pensando en cómo podía recuperar algo de eso que para muchos ya era otra historia más de olvido en Colombia. Habían pasado casi veinte años y mucha agua había corrido en este país en el cual una noticia peor es capaz de hacer lo que hizo la avalancha con el pueblo. "Si como dice Calvino uno lleva una ciudad invisible adentro, yo tenía un pueblo enterrado en mí. La idea entonces fue montar el proyecto con las imágenes de las que le hablé, más una serie de textos que contaran la historia, pero faltaba mucho para que eso produjera un impacto en la gente.

Pensé entonces en la propuesta de una ruta turística y cultural que pudiera ser productiva para la propia gente del pueblo. Para mí era muy importante que el proyecto insistiera en que algo así no podía volver a pasar; yo quería señalar algo que mitigara los riesgos teniendo en cuenta que en el pasado Armero había sido arrasado dos veces y la gente se había olvidado de la historia y había vuelto a construir en un lugar con unos riesgos inmensos. Si a mí, en el colegio me hubieran dicho que algo así había pasado antes, a lo mejor yo le habría contado a mi papá. Pero a mí no me dijeron nunca nada. Ni a nadie. A lo mejor hoy, en las clases de historia, nadie habla de Armero. Por esa intención, de un momento a otro, el proyecto se volvió emblemático allá. Comencé entonces a hacer la primera etapa que consistió en el proyecto museográfico para la zona."

Hace cinco años Pacho se dedica por entero a insistir, conseguir financiación, viajar, y pensar en Armero. No se ha vuelto a emplear. Su vida ha sido rescatar esos cientos de historias que nadie ha querido contar desde hace años. Aunque no me lo dice, sé que ha pasado tiempos difíciles. Sé que su empeño no ha sido fácil.

Después de esa primera fase del proyecto, comenzó la escritura de una historia definitiva de Armero, que tuviera datos ciertos y que, como es fácil de suponer, se encuentra regada entre los miles de damnificados que viven en ciudades y pueblos de Colombia. Creo que una de sus virtudes es que no se queja. Es que hace lo que hace por convicción. Y nada más.

La tarde comenzó a caer. Pacho me mostró las diversas fases de su proyecto, pero aún no llegábamos a la parte que más me interesaba. Cuando terminó de mostrarme los cientos de fotos que guarda en su computador y que ha tomado durante años, cuando aparecieron las tumbas, los muñones de construcción, las viejas fotos de los edificios de los años cincuenta, las calles, el parque de los niños; cada esquina que ha ido recogiendo y recolectando de mano en mano; cuando nos quedamos callados viendo ir y venir imágenes e imágenes de un pasado común, le pregunté por su vida en Armero. Pacho no nació en el pueblo por puro azar. Su padre, que había sido representante a la Cámara en los años sesenta del siglo pasado, se había trasladado en esa época a Bogotá en compañía de su esposa, y madre de Pacho. Ella murió cuando él era aún muy pequeño y su infancia transcurrió en Honda con sus abuelos, aunque, invariablemente, pasaba las vacaciones en casa de su padre. Estudió la primaria en Honda. Y el bachillerato, interno en el Líbano, en el colegio Claret. En quinto de bachillerato volvió a Armero aunque jamás quiso quedarse del todo pues su padre se casó por segunda vez. Todas sus vacaciones, sin embargo, las pasó en ese pueblo en el que su padre fue un político liberal oficialista. De allá eran varios de sus amigos. Allá tuvo sus primeros amores que comienza a recordar con emoción, como si estuviera viendo a esas mujeres que se iban con él hacia Maracaibo, hacia su finca, en donde descubrió el sabor del cuerpo. Pacho habla del club Campestre, de su finca en el Líbano, del barrio el Dólar, y recuerda el número de su casa carrera catorce nueve cuarenta y nueve. Y me habla de mi abuelo. Y recuerda, como muchos, que se le pasaba vestido de blanco.

Hasta ese 13 de noviembre de 1985.

Le pregunto a Pacho en dónde estaba ese día, qué hizo cuándo se enteró, cómo llegó a Armero después de la noticia. Pacho estaba estudiando derecho en la Universidad Externado. En esos días estaba cerrando el periódico Insomnio, un medio universitario contestatario, y como muchos colombianos estaba pensando en los hechos del Palacio de Justicia y no se imaginaba que algo como lo que ocurrió pudiera pasar en Armero. Su relato no difiere de lo que he oído hasta ahora, aunque como siempre también, las variantes son terribles. Ocho días antes estaba en Armero y el vidrio de su Land Rover se cubrió totalmente de ceniza. "Todo el mundo tranquilo -me dice." Pacho no murió en Armero porque su padre le dijo que se devolviera para Bogotá para que llevara unos papeles a unos juzgados. Debía regresar el viernes 15 de noviembre. "En el pueblo no había ningún temor. Se decía que iba a ver, quizá, una inundación. La gente comentaba, "ay, llovió ceniza", y nada más".

Pacho recibió la noticia por la radio. Por la inveterada costumbre de miles de colombianos que se levantan a oír noticias. La voz era, otra vez, la del piloto de fumigación Luis Rivera. Y, como mi mamá, María Eugenia, César Murad, o cualquiera de las personas que tenían que ver con ese pueblo, él no pudo creer lo que escuchaba hasta que llegó a Armero, unas horas después.

"Mi tía Lucrecia me llamó diciéndome que Armero se había acabado. Cuando dijo "acabado" yo leí "inundado". Por eso, la primera imagen que se me vino fue la de un bote que había en el garaje de mi papá: "hijueputa, me la perdí, hubiera sido bacano estar en esa vaina". Mi hermano me recogió, nos fuimos por Girardot y por la tarde llegamos a Armero. Cuando vi la carretera tapada de lodo por completo entré en la realidad. Yo me había llevado una cámara fotográfica, una Pentax K1000, y comencé a tomar fotos pensando siempre ¿y está vaina qué es? Llegamos a Lérida y sólo veíamos heridos y heridos. Esa noche nos quedamos en una finca por Cambao. La idea fue dividirnos y encontrarnos en las noches. Y cuando nos encontrábamos, después de ese dolor tan tremendo, lo que hacíamos era hablar de si fulano había visto a sutana muerta, o si mengano había visto salir del helicóptero a perencejo, y así, como si estuviéramos hablando de gente, de encontrarse gente en la calle. Exorcizábamos todo con humor. Y al otro día, otra vez el dolor. Nos metíamos entre el barro a salvar gente. Tumbábamos cercos. Alcancé a ver cientos de personas conocidas enterradas. Personas y cabezas, manos, brazos, helicópteros, ruido; uno no se explica cómo pudo vivir eso y soportarlo. Ahí viene la historia que le conté cuando me alejé después de ver decenas de cadáveres parecidos a mi padre y dije, esto no, esto no puede ser. Yo no puedo razonar acá. Esto no es normal. Comencé a rezar pidiendo que si mi papá aparecía fuera vivo. No quería verlo destrozado. La angustia de que mi papá estuviera en todos lados y en ninguna parte fue la peor. Lo veían en un lado, en Guayabal, y después en otro, en Mariquita, y así durante seis días.

Decidimos entonces con mis hermanos que ya no había nada que hacer después del sexto día. Mi hermano había encontrado a mi madrastra en una zorra, subida con otros cuerpos, eso fue todo. Después pusimos avisos y fotos de mi papá en los periódicos. Jamás apareció. Y sin embargo, durante mucho tiempo guardé la esperanza de que iba a aparecer".

*

"Desperté en Ibagué. Fredy, el conductor, llegó por mí a las cinco de la mañana. No había dormido nada. Esa noche fue terrible. Yo no sabía la proporción de lo que estaba pasando pero él sí. Fredy había sido conductor también de Germán, mi esposo. Estaba compungido. Me abrazó. Me dijo: "Ay, doña María Eugenia, esto es terrible". Lo miré. Lo abracé. Nos subimos al carro. Ibagué parecía un centro de operaciones de guerra. Había un movimiento terrible. En Lérida lo mismo. Ambulancias y ambulancias. Cuando me bajé del carro me encontré a algunas Damas Grises de Ibagué. Me remangué las manos y me puse a trabajar con ellas en el campamento. Lavaba heridos. No es que yo supiera de eso, pero aprendí ahí. Sobre la marcha. En una camilla vi a la esposa de Antonio Cardozo y a su hija, comencé a correr y a correr y al mismo tiempo tenía temor de alcanzarlas. Nunca pude llegar hasta donde estaban pues a lo mejor, aunque no lo sé, yo no quería alcanzarlas. Ellos eran mis vecinos".

Es la segunda vez que veo a María Eugenia. Nos hemos citado en mi apartamento, como la primera vez, para que ella continúe el relato de esos días. Poco a poco, en mi memoria, se ha ido configurando un mapa de esos días de noviembre en que Armero desapareció del mapa. Yo sabía que el relato de lo que se venía iba a ser más duro que el anterior. Incluso evité que nuestros encuentros fueran muy cercanos en el tiempo para permitirnos, a los dos, asentar las sensaciones de su primera historia. Cuando María Eugenia llegó le dije que quería leerle lo que había escrito según su testimonio. Comencé a leer y por primera vez un silencio total se impuso entre nosotros. Es como si ella estuviera comprendiendo su historia. Como si se la hubiera contado en la memoria, a otros, durante años, cientos, miles de veces, pero jamás la hubiera escuchado en voz de otro. Estaba pálida oyendo cómo ella misma era el personaje de lo que estábamos escuchando. Se veía caminar por el hotel de Cali, a las cinco de la mañana, con el alma en pena. Se lamentaba por no haber sabido, por no haber comprendido, por no haber hecho más. Me detuve. Espere a que respirara. Me dijo: "es la primera vez que me da tan duro. Es la primera vez que oigo mi historia". Le pedí que continuáramos. Cuando acabé el capítulo, con la escena en la que su cama tembló por cuenta del presentimiento de que sus hijas estarían muriendo a esa hora, le tomé la mano. Y le dije que si quería podíamos continuar después. No era necesario ahora. Me miró. Se tomó un sorbo de agua y continuó.

"Al campamento llegaban todos los heridos. Los ponían en camillas. Vi mucha gente conocida. Cada vez que veía a alguien me emocionaba. Me alegraba a pesar del dolor. Me pongo a analizar y yo me daba cuenta de la magnitud de lo que estaba pasando, pero como si estuviera adormecida. Como si estuviera bañada por un bálsamo para no sufrir tanto. Yo creía que mis hijas estaban en algún lado. A pesar de que decían que todo estaba arrasado, yo me imaginaba que algo debía haber quedado. En esas comencé a pensar que, a lo mejor, Tania Camila, mi hija menor, sí se había salvado. Siempre lo pensé porque quince días antes en mi casa de Armero nos reunimos en familia y nos pusimos a charlar y como cosa rara nos sentamos en la sala pues siempre nos sentábamos en el cuarto de la televisión. Les dije a mis hijas que me mostraran las manos. Mabel Soraya fue la primera que se paró. Vi la línea de la vida y era cortica. Yo pensé: ella se va a ir pronto. Yo soy muy expresiva. La niña se quedó mirándome y me dijo: "Mami, disfrútame al máximo que te voy a durar menos que mi papi". Ella era muy inteligente. Tenía catorce años. Mi papi y mi mami quedaron mudos. Tania Camila entonces me dijo que le mirara las líneas de ella. Tania tenía las líneas larguísimas. Les embolaté el tema y al rato las mandé a acostar. Cuando se fueron para su cuarto, mi papi me preguntó: "Mija, qué fue lo que le vio a la niña". Yo le dije: "Ay, papito, Mabel no nos va a durar mucho". Ella ya había comenzado a tener problemas de plaquetas un mes antes y yo sabía que cualquier herida, mi niña no iba a aguantar.

Me acuerdo que ese día nos vacunaron. Comencé a pensar en cuánta gente estaba buscando yo. Eran miles de personas las que conocía. Miles. Mi papá, mi mamá, mis hijas, primos, amigos, gente con la que trabajé. El día siguió igual. Esa mañana me encontré a su mamá Consuelo. Pero antes fui hasta el cementerio en donde vi una de las escenas más terribles: muertos y muertos, cuerpos desnudos, las volquetas entraban llenas de cuerpos. Manos y piernas por el suelo. Nunca he visto una cosa igual. Nunca quise ni quiero volver a ese lugar. Lo que sentí en ese sitio no se lo puedo decir en palabras. Uno respeta al ser humano y ver volquetadas, como coger la tierra y voltearla, me destrozó. Salí y me encontré con dos sobrinos del padre Chucho Fernandez, que fue párroco en Armero. Me dijeron que me llevaban a Guayabal para que me diera cuenta de la situación, que mi hermano estaba allá. Les dije que yo me quedaba. En esas me encontré con una pareja de paisas que vivía en Armero. Ellos acababan de tener su bebé y habían perdido hacía un año otro. Vivían cerca de la Caja Agraria. La muchacha, a la que yo conocía, comenzó a gritarme "María Eugenia, no permita que nos separen, mira que perdimos nuestro bebé nuevamente, y estamos los dos y nos quieren montar en dos ambulancias". Le dije al de la ambulancia que por favor los dejara juntos, que yo los conocía. El tipo se volteó y me dijo: "si usted me consigue agua, no los separo". Me tuve que ir a conseguirle agua al infeliz para que los dejara juntos. Años después me los encontré en La Dorada, y ella me abrazaba y me decía que gracias a mí ellos estaban los dos.

Era demasiada la confusión. Yo corría. Me cogían. La esperanza de que los míos estuvieran vivos seguía. Al rato de lo de los paisitas, comenzaron a gritar que una nueva avalancha se venía. Yo estaba parada en una bomba de gasolina y me quedé sola.

Miraba para todas partes. Todo estaba desierto. Todo quedó en silencio. No sabía qué hacer, para dónde coger. Estaba inmóvil. Me puse a caminar y llegué a la iglesia. El padre que estaba y que aún vive en Honda me dijo que entrara. Le dije que si podía ver los sobrevivientes que estaban regados por el suelo a ver si estaban los míos. Me abrí paso entre los cuerpos desnudos, llenos de barro. De repente vi a Margarita, una señora tullida, ciega y muy viejita, que pedía limosna ayudada por su hijo en Armero. Cuando la vi, y me da pena decir esto, lo que pensé: ¡Ay Señor por qué a Margarita sí, por qué! El padre, a quien me encontré después, me dijo que esas palabras jamás se le iban a olvidar. ¡Ay padre, padre, mire a Margarita, mírela! Al padre me lo encontré en Honda en un entierro años después. Cuando fui a saludar a Luis Eduardo Nieto, paisano y sacerdote, amigo mío, este padre me oyó la voz y se vino. "Yo le pedía a Dios que me la volviera a encontrar ¿sabe? No se me olvida su reclamo al Señor pidiéndole que le explicara por qué había salvado a Margarita. Eso para mí fue devastador".

"Después de la iglesia, salí y me encontré a Sarita Gutiérrez y a uno de sus hermanos. Yo estaba como perdida. No tenía con quién devolverme para Ibagué. Ni me importaba. Me llevaron a Ibagué. Estábamos hablando y me dijeron que en el Sena había muchos heridos. Nos fuimos para allá. Me encontré a Sor Selfa, directora del colegio Santa Teresa de Jesús, de Ibagué, en donde Mabel Soraya había estudiado el año anterior, me acordé de que ella la quería mucho por haber sido una de sus mejores alumnas. Ella me miró y se me abalanzó y comenzó a gritarme: "¿Y mi muchachita? ¿Dónde está la niña?". Yo la estoy buscando también, le dije. "¡Por qué se las llevó para Armero!, ¿por qué?", me dijo. Tomatico, el vecino, apareció de la nada. Parecía un monstruo. Se le había partido el maxilar, estaba todo hinchado. Me armé de valor. Al él se le vinieron las lágrimas. No fui capaz de preguntarle nada. Todo lo que supe por él, lo vine a saber después, en el hospital San Ignacio de Bogotá, en donde me contó lo que estaban haciendo mis padres esa noche y lo del partido de fútbol que le conté.

Me acosté un rato a descansar. No cerraba los ojos. Era la segunda noche en blanco. El que se tenía que salvar, se salvó, pensé. A las cinco de la mañana llegó otra vez Fredy por mí. Ese sábado 16 sí pude entrar a Armero. Pedí permiso a la policía para pasar de Lérida pues me habían dicho que en Cambao y en Ambalema había muchos niños perdidos. Me dejaron ir advirtiéndome que era bajo mi riesgo que pasaba. La carrera dieciocho estaba tapada de lodo. Por ahí no se podía pasar. Había que dar una vuelta por la hacienda El Puente. El Club Campestre no se veía. Nada. No había nada en la distancia. Nos regalaron gasolina en las parcelas de San Jorge. Yo miraba ese planchón. El mar de lodo.

En Cambao encontré a Trino Díaz, un compositor que además fue socio de Rápido Tolima hacía años. Me alegré de que se hubiera salvado. Entré a las escuelas a buscar a las niñas. Había cientos de niños ahí. No las encontré por ninguna parte. Ni ahí ni en Ambalema. A las dos de la tarde me encontré a mi hermano Gustavo quien me dijo:

"mija, váyase para Bogotá, váyase que acá no hay nada que hacer". Yo no me voy, yo los estoy buscando, le contesté.

No recuerdo el viaje. No recuerdo sino como a las siete de la noche cuando vi las primeras luces de la ciudad. Y de ahí, la casa de mi tío Quique, que yo recordaba muy grande, pero que vi pequeña por la fila de gente vestida de luto que me estaba esperando. Yo albergando que estuvieran vivos y todos estos ya de luto, pensé. Los unos me abrazaban, los otros me besaban, los otros rezaban la novena de los muertos, y eso es una de las cosas que no he podido superar. Me dio mucha rabia. Todos los estaban enterrando. Ese sábado me sentí abandonada. Sola. Sin nadie en el mundo.

Por fortuna, esa misma noche mi tío Carlos, me dijo que me fuera a vivir con él. Le hice caso. De ahí en adelante la historia se convirtió en una pesadilla: al día siguiente recibí la primera llamada diciendo que a mis hijas las habían visto en Guaduas en donde, se suponía, había muchos niños. Mi tío no me dejó ir sola. Él me llevó. En Guaduas había decenas de campamentos en los cuales había, en efecto, cientos de chiquitos. Ahora que le cuento esto quisiera decirle que me encontré a una niña, a una monita, a la que yo le pido a Dios que si vive, me dé la oportunidad de encontrármela de nuevo, pues su cara no se me ha olvidado, sus rasgos los tengo grabados. Ella era del colegio de Mabel y salió y me dijo: "doña María Eugenia, las niñas no están aquí, porque yo ya visité todos los campamentos. Se lo garantizo porque yo ya me metí a todas partes, y ellas no están aquí".

Esa niña tenía entonces 12 años hoy debe ser una mujer de 37. Cuando María Eugenia se detiene pienso en esa niña. Pienso en una historia, de las muchas que me he cruzado en el camino, a veces de manera sorpresiva, sin buscarlas. Alguna noche, de no hace mucho, me subí en un taxi en el centro de Bogotá. Estaban dando La Luciérnaga, el programa de humor político de Caracol Radio, y en una de las célebres imitaciones aparecieron Emeterio y Felipe, los populares Tolimenses, un dúo cómico de humor regional que le encantaba a mi abuelo. El conductor comenzó a reírse y a hablar con un acento inconfundible. Le pregunté que si era tolimense. Me dijo que por qué la pregunta. Le dije que por el acento.

—Sí, contestó. ¿Y usted?

—No, yo nací en Bogotá, pero parte de mi familia es del Tolima.

—¿De dónde?

—De Armero, le dije.

—Ay, Armero, contestó.

—¿Usted es de allá?

—Oiga -me dijo haciendo de ese verbo una interjección para decir que sí. Allá se quedó mi primera familia. Toda.

—¿Y usted, se salvó?

—Eso dicen, aunque hubiera preferido quedarme allá. Pero así es la vida. El taxista se quedó callado. No quise preguntarle nada más. Al rato, agregó:

—La que me pasó el otro día, es que uno sí que se encuentra gente de Armero cuando maneja taxi. Imagínese, recogí en la 72 con séptima a una mujer, una mujersota, divina la hijuemadre, bellísima. Y nos pusimos hablar, así, como si nada. La llevaba a Cedritos así que con el trancón terminó contándome que ella era de Armero. Que la habían rescatado cuando tenía once meses. Y la habían adoptado unos señores de acá de Bogotá. Ahora, me contó, estaba intentando saber quiénes eran sus padres, pues familia no le quedó, ni memoria tampoco.

*

"Mi vida comenzó otra vez en la carrera séptima con calle 65: me había quedado sin nada en las manos", me dice María Eugenia, en nuestra siguiente conversación. Esta vez le he pedido que trate de reconstruir su vida de ahí en adelante. No sé por qué, pero me interesa mucho más saber qué le pasa a la gente después. Finalmente, quienes quedaron bajo el lodo, como mis abuelos, no pudieron ver el horror. Lo vivieron, que es peor. Pero no tienen que convivir, como los miles de damnificados, como mi mamá, o María Eugenia cargando con el recuerdo todos los días de su vida. Hay cosas que no se pueden nombrar después de que un ser humano se enfrenta a la pérdida total. Pienso en el testimonio de Primo Levy, Si esto es un hombre, que describe sus días como prisionero en Auschwitz y sus palabras, a lo largo de toda su vida, en las cuales insistía que había mucho de esa experiencia que no podía decirse con palabras. Finalmente, ante la desesperación de vivir con ese olor de los hornos pegado a las fosas nasales, Levy decidió suicidarse en Turín, lanzándose por el hueco de la escalera de su edificio.

Tanto María Eugenia como mi madre dicen que perdieron la memoria después de haber estado en Armero durante los rescates. Tratan de recordar los días que se sucedieron al 20 de noviembre. Tratan de asir algo de ese noviembre negro que se devoró en ocho días el Palacio de Justicia consumido por las llamas y un pueblo.

"Cuando llegamos a Bogotá, en esos días, mi tío Carlos me dijo: no más viajes a ningún lado. Tenemos que calmarnos. Las niñas son muy avispadas. Y si están vivas sabrán darnos aviso cuando sea. Pero no podemos correr tras las llamadas. Las llamadas no pararon. Comenzaron a aparecer avisos en la prensa, de gente buscando a los suyos, y ahí empezó un periodo en el cual extorsionaron a mucha gente a cambio de información. Yo no veía nada de televisión. Nunca más. El lunes siguiente a la tragedia me fui a trabajar a la Cruz Roja de Bogotá. Lo que hacía era mirar listados. Y señalar los que yo conocía. Siempre que veía nombres pensaba que los míos estaban refundidos. Como a los tres meses, y por eso le digo que lo demás lo tengo borrado, me di cuenta de la triste realidad. Estábamos con mi hermano en la casa de mi tío Carlos y ellos estaban hablando cuando yo me entré al baño. Mi hermano, sin darse cuenta de que yo estaba oyendo, les decía: "Hmm, mi hermana, creyendo que yo estaba mirando todos los muertos de Guayabal, ¡yo qué me iba a poner a mirarlos! ¡Yo estaba era para ayudar a los vivos!". Yo siempre confié que él estaba haciendo lo mismo que yo. Ese día casi me muero. Salí y le dije: "¡Gus es el colmo, yo confié en usted!". Él casi se muere. Se puso pálido. Ahí me di cuenta de que yo ya no tenía nada que hacer. Que todo estaba perdido para siempre. Si él, mi hermano, no había hecho nada, ¿quién iba a hacer algo por los míos?".

Durante cinco años María Eugenia vivió en Bogotá. Armero era y es un tema recurrente. Cada aniversario que pasaba la alejaba más de sus hijas y sus padres. Cada aniversario, para miles de personas, significaba ver cómo caía más lodo sobre la memoria del país. En el año 86, la visita de Juan Pablo II, lavó las conciencias de un país cristiano, conservador y pacato, que comenzaba a sentir que Armero había sido un castigo de Dios. Un castigo divino por la muerte de un cura en medio de la violencia de los cuarenta y cincuenta. Y no una repetición, casi cíclica, de un fenómeno natural que ya había arrasado el pueblo dos veces antes. El Papa llegó a Colombia el 1 de julio de ese año. Ese año en el cual, alguna vez se pensó que Colombia organizaría su primer mundial de fútbol y que por falta de recursos quedó en manos de México, la gente salió a las calles con banderas blancas a recibir al "sumo pontífice". Yo lo vi, como muchos, el 2 de julio en Medellín donde había ido con algunos familiares de vacaciones. Quizá la memoria me engañe pero creo que fue la primera vez que recordé a mi abuela como algo que ya no estaba más a mi lado. La imagen de ese hombre subido en una cúpula de cristal, custodiado por decenas de carros que lo seguían con sirenas, coincidió, por una extraña razón, con la de mi abuela, Otilia Ulloa, esa mujer paciente que un año antes había venido a Bogotá, en el mes de marzo, a comprarme la ropa para mi primera comunión, en las tiendas de Chapinero, en donde me organizó mi primer pantalón de paño gris, el saco de cuello tortuga blanco y los relucientes zapatos negros, de charol, para recibir el sacramento.

El 6 de julio el Papa fue a Armero. Bajó de los cielos en un helicóptero y besó el suelo de ese pueblo en el cual, a solo siete meses de la avalancha, se veía una inmensa cruz blanca, que aún subsiste. Y un templete con una carpa amarilla. La televisión de millones de colombianos estaba encendida para escuchar a ese párroco polaco que había hecho del turismo su principal herramienta de evangelización. Había soldados y periodistas vestidos de luto. En las imágenes se ve, al fondo, un hombre parecido a Pablo Escobar. El Papa camina hacia la cruz. Se oyen los vivas y hurras. La secuencia tiene un efecto dramático. Como miles de imágenes en este país. El Papa camina, abraza la cruz, apenas su boca toca el cemento, suena una trompeta marcial. El hombre cierra los ojos y se arrodilla. Su pelo blanco ondea. Cruza las manos sobre sus rodillas. Se oyen gritos al fondo de dolor. La cámara hace varios close up a las manos, al rostro.

Los pañuelos de cinco mil personas se agitaban en el aire pesado de Lérida adonde el papa iba a hacer su homilía en memoria de los veinticinco mil muertos de la tragedia. El calor sofocaba. Belisario Betancur, a sólo mes de entregar la presidencia a Virgilio Barco, parecía compungido. El Papa se subió a una tarima y comenzó el discurso diciendo:

"La catástrofe que el volcán Nevado del Ruiz provocó, sobre todo en Armero y Chinchiná, conmovió profundamente mi corazón. A medida que me iban llegando las noticias de la tragedia, tantos muertos, tantas familias destrozadas, tantos hombres y mujeres desamparadas, tantos niños huérfanos, junto con mi ferviente plegaria al Señor nacía en mi espíritu el deseo de visitar los lugares en los que se hallan sepultadas miles de víctimas. Por la misericordia de Dios, aquel deseo se ha cumplido y me encuentro hoy aquí entre vosotros como Pastor que peregrina al mundo del sufrimiento. Aquí estoy junto con la Iglesia en Colombia y unido a toda la nación solidaria. Tras haber orado por las víctimas de la tragedia de Armero, he venido hasta Lérida para recordar y meditar con vosotros, damnificados y familiares de los que perdieron la vida, sobre el sentido cristiano y salvífico del dolor, que acompaña siempre al hombre, como la cruz acompañó Cristo y fue el fundamento de su glorificación".

María Eugenia estuvo ese día. Desde entonces se dedicó a viajar por Colombia buscando a sus amigos y conocidos. Tuvo noticias de cientos de personas que la conocían gracias a su trabajo en la Cruz Roja. Por eso, después de dos años decidió regresar a Mariquita con un patrimonio que le había quedado gracias a que muchas de sus cuentas bancarias y propiedades estaban en Ibagué y no en Armero. Se instaló en Mariquita adonde convivió todos los días con las historias de los miles que quedaron sin nada. Se volvió un referente de caridad para los cientos de personas que mal vivían, habiendo tenido una vida y un patrimonio, en Lérida, Guayabal, Ibagué o Mariquita.

"En el año 90 supe por Alberto Vélez y Estelita, la señora, una historia que otra vez me revolvió la vida. Ellos eran especiales conmigo, me quisieron desde cagona. Un día cualquiera Estelita, sin Alberto, fue a saludarme a la casa. Como siempre, comenzamos a hablar de Armero y ella me dijo: "Ay, María Eugenia, figúrese que el otro día la tía de un niño me contó que él se escondió en el aeropuerto de Mariquita, volado de un avión al que lo habían subido a la fuerza. Me dijo que salieron muchos aviones con niños que decían USA en el fuselaje. Ese niño que se les escapó y le contó la historia a su tía, le dijo que a hijas se las habían llevado". A mí el corazón se me quería salir. La famosa tía, se encontró también con un señor viejito a los días, y el señor le confirmó la historia. Le dijo que él había subido ese avión pero lo habían bajado por viejo. Sin embargo alcanzó a ver cómo una de sus hijas había muerto y la habían bajado también. Los otros dos sobrinos, dijo el viejo, se los llevaron. Yo casi me muero. Yo sentí que no había buscado a mis hijas como las tenía que buscar".

María Eugenia se encerró nueve meses a llorar. Se dedicó a rezar y conoció a la doctora Diva Cuartas quien le dijo que por medio de las Iglesias Cristianas le ayudaría a buscar a sus hijas cosa que nunca sucedió. Mi mamá la vio tan mal que decidió que tenía que traérsela para Bogotá para que trabajara con ella. Pero, una vez más, a los dos años, la tierra la jaló. Y decidió devolverse al Tolima. Ahí se detiene. Me dice que no quiere hablar de lo que ocurrió después. Lo cierto, porque lo sé, es que alguien le esquilmó lo poco que le quedaba con promesas falsas y en una suerte de manipulación permanente con su historia. No le quedó nada. Ni el carro. Ni los pocos pesos en Ibagué. Hace ocho años regresó a Bogotá. Y esta vez se quedó. Aquí está, sentada en frente mío, con mi madre a su lado, como cuando eran niñas en el colegio de Armero.

Mientras María Eugenia vivió todo eso, mi familia, mi madre, mis hermanos, la gente que conocimos, fue alejándose cada vez más de Armero. Mi mamá volvió al pueblo en el año 87 y se prometió que no volvería nunca más. No soportó ver ese campo abierto con cruces de madera a medio hacer, y la maleza cubriéndolo todo. Hasta ese momento, ella y mi tío habían intentado por todos los medios recuperar el patrimonio de mi abuelo pero, por una de esas argucias legales o ilegales, en todo caso, no pudieron hacer nada. Las compañías aseguradoras arguyeron que lo que había ocurrido en Armero no era una avalancha sino una erupción volcánica, pues había evidencia de azufre en el lodo, y el seguro no cubría esa eventualidad. Mi madre se cansó de ir a Resurgir, el fondo estatal que canalizaría las ayudas privadas que llegaron por millones para atender a los valancheros de la tragedia, que se convirtió en otro de esos monumentos a la corrupción de este país.

Según un informe de la Universidad Central en Resurgir fueron carnetizadas unas 28.000 personas como sobrevivientes de Armero. Mi madre, en enero del año 86 fue hasta Corferias para carnetizarse. Según ella ese día había cientos de personas que no conocía. Hizo la fila pacientemente pero al llegar, la persona encargada de darle su identificación, le pidió que le probara de alguna manera que ella era de Armero. La cédula, en la cual se lee que nació en ese municipio del norte del Tolima, no era suficiente. Durante minutos pensó en irse de una vez por todas de ahí y olvidarse de todo: de la casa de mi abuelo sepultada bajo el barro, de su carro, de los títulos que reposaban en la caja fuerte del Banco de Bogotá, de todo. Sin embargo, alguien gritó desde el fondo que sí, que ella era hija del doctor Ulloa. Salió con un carnet, que aún conserva, dispuesta a hacer las gestiones para recuperar algo. Relatos como ese se repiten por decenas en las principales ciudades a las que llegaron a vivir los seres salidos del barro. En Ibagué, según el relato de una sobreviviente, cuando se iba a pedir el subsidio quienes manejaban el dinero pedían una y otra vez pruebas. Muchos optaron por tirarle el carnet a esos funcionarios que, ante el dolor, sólo fueron seres humanos que respondían a esa naturaleza que describió Freud: el hombre es un lobo para el hombre.

Resurgir se creó, según un decreto presidencial registrado Armero y la avalancha con 52 mil millones de pesos como bolsa inicial. Como gerente fue nombrado el constructor Pedro Gómez

Barrero. Las denuncias por maltrato e incumplimiento del que dan fe cientos de damnificados comenzaron a remecer una empresa que se liquidaría dos años después sin haber cumplido con sus metas. Dice el periodista Edwin Díaz en un artículo publicado en el blog lalupaopinion.blogspot.com que "como parte de su proceso de liquidación, Resurgir suministró una cifra global de $16.748'469.951 como el total de su inversión en la reconstrucción de Armero, dividida en dos años de funcionamiento:

$7.448'469.951en 1986 y $9.300'000.000 en 1987. Cotejando estas cifras con la que el Gobierno manifestó haber suministrado para dicho proceso -52 mil millones de pesos-, existe un desfalco financiero de $35.251'530.049, equivalente al 67,3 por ciento del presupuesto del fondo".

Resurgir contrató costosos asesores, se burocratizó de la noche a la mañana y el presupuesto para las víctimas que, según un juicioso estudio del periodista Luis Gaitán, para la revista 8 días, citado por El Tiempo en 1999, hubiera alcanzado para reconstruir una ciudad del tamaño de Armero en su totalidad, fue a parar a las manos de los funcionarios inescrupulosos y particulares de la región que trocaron la desgracia ajena en un cuantioso beneficio. Los ejemplos de ese desangre están documentados. El diario El Tiempo, por ejemplo, incluye varios testimonios de sobrevivientes que aseguran que muchos de los equipos como plantas eléctricas, calentadores solares, tiendas de campaña, lámparas halógenas y un sin número de implementos enviados desde todo el mundo, comenzaron a verse en las fincas de hacendados poderosos de la región. Miles de millones de pesos se invirtieron, como da fe un informe de Javier Amaya para el mismo diario, en infraestructura que se encuentra abandonada. Plazas de mercado, tabernas, estaciones de bomberos, ladrillos y cemento que se fueron agrietando como todo lo que se hizo y se dejó de hacer por Armero. Se construyó un barrio en Guayabal que terminó llamándose Resufrir donde miles de armeritas comenzaron a engrosar las cifras del desempleo del país, pues la ayuda nunca tuvo en cuenta realizar programas para la agro industria, o la capacitación de las gentes del pueblo.

Cuando volví a hablar con mi tío y mi mamá sobre las reclamaciones de dinero, los dos se rieron como si estuvieran oyendo una tontería. Los dos se cansaron de pedir, de hacer papeleos, de acreditar quién era mi abuelo, cuáles eran sus cuentas, en dónde estaban los títulos para siempre encontrarse con la misma respuesta: estaban estudiando una solución.

La famosa solución fue asegurarse de crear el recurso de la erupción volcánica. "Un banco nos respondió, dice mi tío Armando. Fueron como 600.000 pesos. Nada más. La otra plata gruesa estaba en CDT". Mi mamá dice que ellos tenían una declaración de renta del año anterior. Con ese papel fueron a los bancos y les dijeron que tenían que comprobar que entre enero y noviembre de 1985 no habían retirado ese dinero. ¿Y cómo se suponía que podían probarlo? Hablando con los muertos, supongo. "Todo eso se perdió porque ayudaron a que se perdiera, sigue mi tío. Mi papá había asegurado todo con Colombiana de Seguros, con su amigo Pacho Uribe, contra avalancha. Sin embargo, el argumento de Fasecolda aseguraba que era una erupción volcánica y por eso no pagaron. Mucha gente lo perdió todo así pues quienes tenían con qué tomaron la precaución de asegurar contra avalancha, pero no contra erupción volcánica estando a más de 80 kilómetros del Nevado del Ruiz. Eso fue un truco legal. Belisario Betancur no quiso hacer nada. Allá no había nada de lava, claro que el agua y el barro que había bajado tenía azufre, pero eso no podía asumirse como una erupción".

A pesar de todo eso, de que las aseguradoras usaron esa argucia legal, nadie hoy habla de la tragedia como una erupción sino como una avalancha. A pesar de todo eso, quienes manejaron los recursos, quienes supuestamente aseguraban a la gente, en quienes muchos pusieron la esperanza de que si algo sucedía había como responder, se inventaron una leguleyada para no pagar.

En medio de esa tragedia, mi mamá recuerda ese tiempo, recién pasada la avalancha, como una época muy silenciosa. Con dos hijos pequeños apenas sí podía hablar con alguien. Mi hermano repetía que nunca más se comería la compota de manzana que hacía mi abuela, y yo no podía comprender un duelo que se agravó apenas comenzó a pasar el tiempo y ella se dio cuenta de que no tenía un lugar en el mundo adonde ir cuando la alcanzara la tristeza. Ni siquiera un cementerio.

*

Dos años después de la tragedia, el doctor Juan Antonio Gaitán, amigo de la infancia de mi mamá, decidió que, así no tuviera un cementerio, debía cortar con el pasado para poder seguir adelante. La historia de Juan es paradigmática de lo que ocurrió ese 13 de noviembre con las veinticinco mil almas que se quedaron enterradas bajo el lodo. Yo había escuchado de primera mano muchos testimonios de lo que pasó esa noche. Alguna vez, cuando se avecinaba un 13 de noviembre en la sala de redacción de la revista Cromos, el tema obligado volvió a ser Armero. ¿Qué ángulo distinto se le podía dar a una historia que ya había sido contada, año tras año? Me ofrecí diciendo que mis abuelos habían muerto allí. Como me ha ocurrido a lo largo de mi vida, la gente no da crédito a encontrarse a alguien cercano a un hecho que cambió la historia de un país. Así, durante dos semanas me dediqué a recoger testimonios que, en su mayoría, eran apenas recuerdos borrosos de una ola enorme que se tragaba el pueblo después de un aguacero. Aunque yo inquiría, una y otra vez, por los detalles, quienes estuvieron esa noche, o muchos de ellos, y sobrevivieron al espanto, no tienen la capacidad para poder saber qué fue lo que vivieron. Una ola de lodo que se vino después de un aguacero tremendo y que los sumergió durante horas en un mar caliente, hirviendo, en donde muchos se quemaron, otros fueron mutilados, algunos salieron sin cicatrices y casi todos vieron morir a cientos de personas y oyeron los gritos desesperados de miles como gárgolas saliendo de los muros de una catedral gótica. El infierno tan temido. Después de oírlos sentía que era imposible armar un relato con el despiece de miles de cuerpos flotando en una olla de lodo y lava; me iba convenciendo de que acaso nadie podría dar cuenta de esa noche, minuto a minuto, hasta que mi madre y María Eugenia, me hablaron del médico cirujano, Juan Antonio Gaitán, quien había sobrevivido y había conservado a buen recaudo, como si se tratara de una cinta vieja de cine, cada momento de lo que ocurrió aquél trece. Juan Antonio Gaitán es un tipo espléndido, de esos a los que el buen humor les hace saludable la vida, de esos que por no tomarse demasiado en serio, ha podido construir una vida a partir del arrasamiento mismo. De esos que son capaces de decir cuando se les pregunta por qué pasó lo que pasó, por qué le pasó a él algo como eso, "porque sí", porque no hay cómo explicar lo inexplicable.

Nos reunimos en un café después de dos citas fallidas debido a su intenso trabajo como cirujano en la Clínica de Occidente de Bogotá. Eran las seis de la tarde de uno de esos días lluviosos que no dan amparo. Cuando comenzó su relato yo imaginé que escucharía la misma historia que le había oído a la esposa de Satanás, el conductor y amigo de mi abuelo; a la hermana de una conocida que cojeaba y en algunas reuniones, cuando le preguntaban, se refería una y otra vez a la ola que se lo había llevado todo; a las decenas, como ya dije, de testimonios que me contaban su historia de manera fragmentada. Cuando fueron pasando los minutos, comencé a sentirme incómodo, el corazón me latió más fuerte.

"Yo me fui de Armero en el año 81 a especializarme en cirugía en Alemania, en la ciudad de Dresde. Cuando me fui, mi papá era una persona ya de edad y por eso yo tenía muchas dudas de irme. Siempre me acuerdo de que me dijo: Mire, nunca amarre su vida a la de nadie: no amarre su vida que está comenzando a la mía que está terminando. Sólo le digo una cosa: cuando acabe, venga y me trae el diploma, porque yo quiero colgarlo en mi estudio.

En Alemania yo decidí que tenía que acabar mi especialización rápido, y por eso jamás tomé vacaciones. Quería cumplirle la palabra al viejo así que lo que había que hacer en cinco años lo hice en cuatro. En ese tiempo me casé con una enfermera e instrumentadora alemana llamada Marion Kemper. Ella era de Alemania Democrática así que para poder casarnos y venir a Colombia, cuando yo ya había terminado, hubo que pedir permisos al gobierno. En el año 85, en octubre, salieron los permisos. Ella estaba en el octavo mes de embarazo. La idea era venir a tener el bebé aquí en Colombia y después devolvernos a Alemania a vivir. Yo cuadré todo muy rápido, dejé mi residencia lista y mi idea era traerle al viejo el diploma y presentarle el nieto. Queríamos pasear un poco, quedarnos tres meses y luego regresar. Teníamos pasaje para el 28 de noviembre. El problema es que para ese día era probable que el bebé ya hubiera nacido y se nos trastocaban los planes. Así que me fui a la embajada, donde estaba la pianista Teresita Gómez de agregada cultural, para ver si había alguien que quisiera cambiarme los pasajes para el 28 de octubre. Teresa, casualmente, tenía pasajes para ese día, y decidió cambiármelos sin problema.

Llegamos a Bogotá ese día, fuimos al médico y nuestro plan era pasar una semana más viendo a los amigos y a la familia. Cuando yo me fui de Colombia no habían terminado de construir el Palacio de Justicia. El 6 de noviembre quedé de encontrarme con una buena amiga, Mónica Zárate, también de Armero, que en ese entonces era la secretaria privada del alcalde Rafael de Zubiría, en el centro. Sin embargo, llegué más temprano de lo previsto, como a las diez y media, y decidí entrar a conocer el Palacio. Como a las 11:05 estaba yo mirando el lobby y comencé a escuchar balazos. De inmediato salí corriendo y alcancé a salir justo cuando estaban cerrando las puertas. Corrí y vine a parar a la décima. Obviamente no fui a la cita. Me fui hasta la Universidad Javeriana, donde otro amigo ortopedista y le conté. El prendió el televisor y me dijo: pues mire de la que se salvó. Mi papá me llamó esa misma tarde, preocupado, y me pidió que me fuera para Armero porque la situación se iba a poner fea y yo con mi esposa embarazada, no era el mejor lugar para estar, decidí irme.

El 6 y el 7 nos enteramos de todo, y decidimos que nos íbamos a quedar en Armero tranquilos. Fueron días familiares. De paseos. Yo tenía que estar otra vez en Bogotá el 14 madrugado para el chequeo de Marion. Pero estábamos tan contentos que llamé al ginecólogo y le pregunté si había algún problema en que nos viéramos el lunes 18, para poder pasar el fin de semana con la familia. Me dijo que todavía nos faltaban como dos semanas para el parto así que no me preocupara, que me quedara tranquilo. Mi hermano que vivía en Bogotá junto a su esposa que acababa de salir de un cáncer de útero decidió entonces ir a hasta Armero el 13 por la mañana para que celebráramos que estábamos juntos otra vez desde hacía mucho tiempo.

El 13 fue un día normal. Por la tarde comenzó a caer ceniza. Yo me encontraba con los amigos en la calle y preguntaba: Bueno ¿y esta vaina qué es, de qué se trata? Pero todos, desde mi papá para adelante, decían que era el viento que estaba trayendo la ceniza del volcán. Él llevaba viviendo en Armero desde 1928, así que no tenía por qué no creerle. La gente comenzó fue a hacer chistes, que al otro día tocaba lavar los carros, y nadie se imaginaba que un volcán tan lejano podía afectar al pueblo. Cuando anocheció me acuerdo que había un partido de fútbol. Lo vimos y me acosté a dormir normal. Yo había traído un perro de cacería de Alemania para regalárselo a mi hermano. El perro se acostó a mi lado, tranquilo, normal, sin presentir nada. A eso de las 11:05 me levantó mi hermano. "Juan, Juan, levántese que esto está como raro. Está cayendo mucha ceniza". Le dije: "Bueno, voy a preguntarle a mi papá a ver qué es lo que pasa". Me levanté y busqué a mi papá. "Papi, le dije, ¿qué está pasando? Esto es muy raro, no para de llover y además hay mucha ceniza". Él me dijo que alcanzara la linterna, porque justo cuando él se levantaba, se fue la luz. Salimos a la calle y estaban todos los vecinos en la calle. Me encontré con la vecina del frente, Mercedes Ramírez, y le dije, "Merceditas, ¿qué es lo que está pasando?". Yo en ese momento era completamente ignorante de lo que podía estar ocurriendo: no oí nada de que saliéramos, ni nada de advertencias. Si alguien dijo algo, le doy gracias a Dios de no haberlo oído. Hoy me hubiera pesado mucho y aún estaría preguntándome por qué no hice algo. De repente, de vuelta a la calle, miré al asfalto y vi agua negra corriendo, agua como petróleo, no como cuando llueve y se ve agua café, no, agua negra oscura. En ese momento empezó a sonar todo como si estuviera temblando: pum, pum, pum. Durísimo. ¿Y está vaina?, pensé. Hoy hago el análisis y pienso: Si usted ve que un perro viene, usted corre porque lo va a morder; si viene un toro, me va a embestir, o un tipo furioso con un machete, me va a atacar; pero cuando usted no sabe qué es lo que pasa, lo que viene, no hay susto, hay es una incertidumbre tremenda. Me volteé y mi papá me dijo, "Juancho, se acuerda que le conté lo de la inundación en el año 51. Eso es lo que va a pasar. Camine pa' la casa". Yo miré hacia arriba y si vi una cosa como negra y seguí pensando "pero esta vaina como tan rara". Todos los vecinos se entraron en las casas pensando que se venía la inundación. Mi papá me pidió que lo ayudara a recoger una alfombra que cuidaba mucho mi mamá porque se podía mojar. El ruido se hizo más intenso. Haga de cuenta que está dentro de una turbina de avión. Con mi papá empezamos a hablarnos a los gritos. Entonces sentí el bombazo. Un estallido tremendo. En ese momento yo no era consciente de dónde estaba mi mamá ni mi esposa ni la empleada del servicio. Mi papá, que ya tenía ochenta y pico de años, estaba mi lado. De repente algo nos tumbó al suelo y nos empujó hacia el fondo de la casa. Nos empujó por un corredor hacia el cuarto. Nos empezó a meter y comenzó a subir de nivel. En Armero, los techos eran muchísimo más altos que las puertas, en ese momento sentí que algo pasó por el techo y mi papá dijo: "Uy, carajo". Ahí me di cuenta de que me había quedado con su brazo en mi mano. Se desprendió del cuerpo. Ese algo me estampó contra el techo. Como yo tenía la idea de que la puerta estaba por debajo, y de que eso era agua, intenté consumirme y salir por el dintel de la puerta. Sin embargo comencé a sentir una presión tremenda y luego ¡bum! salí y pude respirar. Cuando pude respirar oí a mi mamá buscándome:

"Juancho, Juancho", y yo:

—¿Qué pasó mami?

—¿Y su papá?

—Yo creo que murió.

—Juancho, tranquilo, valor que de esta salimos.

No me dijo ayúdeme, no me dijo sino eso. Pensé: "Esta vieja verraca, en las que estamos y me dice valor, dios mío". Empecé a sentir que ese algo en el que yo estaba se empezó a mover. Yo no supe muy bien qué fue lo que le pasó a mi mamá después de esa conversación. Hoy lo sé porque la empleada del servicio estaba con mi mamá y ella está viva y trabaja conmigo en la clínica. Ella me dice que las dos iban abrazadas y que mi mamá de pronto se le soltó. Ella quedó a una cuadra de la casa. Yo quedé a dos. Ella me dijo: "Don Juan, cuando eso entró, atrás de ustedes estábamos su esposa, su mamá, el perro y yo". El perro también se salvó.

Yo empecé a bajar, con la cabeza por fuera del barro y cuando agachaba la cabeza veía luces pasando por debajo. Eran los carros que venían bajando con la avalancha. Eso no se puede comparar con nada. Nada que uno haya visto se parece. En un momento vi a mi derecha la torre de la iglesia al lado de mi cabeza. ¿A qué altura venía yo? Yo sólo pensaba ¿y esta vaina qué es? De un momento a otro comencé a caer, una ola me botó lejos. Algo me alumbró, vi una pared y me estrellé. La pared me cayó encima. Yo quedé espichado, con el muro encima. Todo se tapó. Todo se hizo oscuro. Comencé a sentir que se me acababa el aire. En ese momento pensé: Dios mío, hágase tu voluntad. Sentí un pitido. No debió haber sido mucho porque al ratico ya estaba otra vez respirando como cuando uno sale de haber aguantado mucho aire bajo el agua. Comencé a respirar. Uno, dos, uno, dos. Ahí ya sólo me importó mantenerme a flote respirando. No me acordaba de nada ni de nadie. De pronto sentí algo que me cortaba en el muslo. Pensé "uy, me quedé de tío". Me fui de frente contra algo. Y suaz, un quemonazo y seguí bajando. Esa vaina sonaba durísimo, como una turbina de un avión. Y en esas, todo se quedó quieto, quieto. Estamos hablando de que no habían pasado más de cinco o diez minutos. Yo lo que hice fue mirar para arriba, ¿con qué comparo esto? Pensaba. Yo seguía con la idea de la inundación quizá por lo que había dicho mi papá minutos antes.

¿Y esto como por qué o qué?, me decía a mí mismo. Quieto, quieto y de pronto el río se fue apaciguando, y del ruido estruendoso al silencio absoluto no pasaron más que segundos. Sentí barro en los ojos. Por allá alguien gritó:

—Aquí estoy yo, ¿quién quedó poraí? Grité:

—Yo.

—¿Usted dónde está? Moví la mano.

—Aquí, aquí, aquí.

—Ahí va un palo pa' que lo coja, pa' jalarlo – me dijo.

—Listo.

Pum, me lo clavó en la cabeza.

—Pare, pare —le grité. —Pare que me lo clavó en la cabeza, pare, pare —le insistí. Y el señor respondió.

—Listo, listo.

Me jaló y me sacó a un sitio. A gatas pude sentarme sobre algo. Cuando me toqué el abdomen me sentí un palo. Lo tenía clavado y me atravesaba por la tetilla y me salía por la espalda. El quemonazo que había sentido, pensé. En ese susto tan macho, no tuve tiempo de pensar lo que había sido. Yo tenía el reloj puesto. Vi la hora. 11:29. No había pasado nada de tiempo. El tipo se me acercó:

—¿Usted cómo se llama?

—Juan Gaitán.

—¿Y usted?

—Alfonso.

En ese momento volví a tocarme el palo. Ay jueputa, esta vaina me atravesó. Miré que el palo no tocara el tórax. Ay, Dios mío, ¿qué fue lo que me pasó?, dije. Ahí me acordé de que yo era médico. Me toqué el pulso. Lo sentí normal. No había lesión en la arteria. Me entró el pánico más tenaz, me entró culillo. Sabía a qué me estaba exponiendo. Sentía algo caliente bajándome por la barriga. Me toqué y probé. Todo me sabía a barro.

—Venga chino, sáqueme este palo –le dije a Alfonso.

—No sea güevón.

—¿Y cómo me lo voy a dejar ahí? –le contesté pensando en que si me lo sacaba podía desangrarme, o infectarme peor. Pero le insistí: -No chino, sáqueme ese palo de ahí.

—No, no, no, eso déjeselo quieto que mañana vienen y nos rescatan y le sacan esa vaina.

—No, yo no espero hasta mañana. Mire que es medianoche, está todavía muy oscuro. Deme un chiro o algo que yo me voy a sacar ese palo, y tengo que meter presión en esa vaina.

—No, no tengo sino el pantalón –me respondió.

—Pues quíteselo.

—Me da pena.

—Cuál pena gran pendejo, mire donde estamos, cuál pena le va a dar. Quítese ese pantalón hombre, deme ese pantalón.

—¿Qué va a hacer con él?

—Hacerme compresión ahí cuando me saque el palo.

—No no no no no.

—¡Que se lo quite pendejo!

—Bueno bueno bueno, pero voltéese pa'l otro lado.

—No me joda.

Entonces me saqué el palo. Ay jueputa el ardor. Cogí el bluyín de Alfonso, me lo metí entre el tórax y el brazo y me hice compresión. Comencé a poner cuidado a ver si seguía saliendo algo caliente y nada. En ese momento comenzaron a arderme los ojos. Comenzó a llover y me puse a mirar hacia arriba para que el agua me los lavara. Pensaba: esto es el Apocalipsis, esto es el fin del mundo.

Después de eso empezamos a ver un montón de luces que se prendían, gente que gritaba, aullidos, alaridos todos espeluznantes; una señora no paraba de decir: "¡Auxilio, socorro, tengo una teja metida entre el estómago, se me está saliendo todo!".

Al otro día la encontré muerta con todo el contenido intestinal por fuera. Empezamos a ver una cantidad de luces que se prendían.

—Alfonso, ¿y esta vaina?

—Doctor, eso fue el volcán.

—No jodás.

—Mire doctor, mire esas luces.

Cuando él me dijo volcán, yo me imaginé lava.

—No, hijuemadre, aquí sí quedamos como salchichas fritas en un sartén en donde se venga esa lava.

Y ahí comienzan a explotar cosas y a verse llamaradas. Entonces me di cuenta de que eran los tanques de gasolina. Era horroroso. Cada vez que estallaba algo había gritos de gente quemándose. No se veía nada. Sólo la llamarada y el grito.

—Bueno Alfonso, ¿pa' dónde cogemos?

—No doctor, no hay pa'dónde.

Alcé la cabeza y vi luces de carro arriba en la carretera.

—Alfonso, esto no es el apocalipsis, sólo fue aquí en Armero. Mire que allá se ven carros.

Al frente mío una señora comenzó a quejarse. Estaba muy cerca de nosotros. Toqué en lo que estaba sentado y me di cuenta de que eran las tejas de una letrina porque justo debajo pude palpar un rollo de papel higiénico.

—Doctor, doctor ayúdeme, no siento las piernas.

—Ay, pero yo cómo, si estoy más jodido que usted.

—No puedo mover las piernas –insistió. No me duele nada pero no siento del ombligo para abajo.

Al otro día supe que tenía una fractura abierta de columna con exposición de la médula. Nada qué hacer.

Y empiezan esos gritos otra vez. Eran como la una de la mañana. ¿Y ahora qué hago?, pensé. Pude hacer una cosa que jamás he podido volver a hacer y fue dejar la mente completamente en blanco. No dormí. Puse la mente en blanco. Dejé de escuchar y de sentir. Me senté y sin cerrar los ojos me alejé de todo.

Cuando comenzó a amanecer comencé a ver que no había otro color distinto al gris.

—Alfonso, Alfonso, mire, hay un poco de gente –le dije.

—Quihubo, ¿ya se despertó mi doc?

—No, si no estaba dormido. Estaba era callado.

—Ah, cómo no me contestaba.

Gente por todas partes. Por las montañas. Me comenzó otra vez el pánico. ¿Qué era lo que iba a ver ahora?, pensé. Lo primero que vi fue a Alfonso:

—Ah, qué hubo chino, gracias por el palazo que me dio –me reí.

La señora, con la columna destrozada. Pobrecita. Por todos lados barro. Me vi. Me quedaba el reloj, la argolla de matrimonio, y una cadena que mi mamá me había regalado. Alcé la mirada y me di cuenta de que la montaña que iba para el Líbano estaba intacta, verde.

—Alfonso, mire, mire.

—Uy ya sé doctor.

—Ya sé ¿qué?

De pronto nos callamos. Vimos a la señora que había gritado lo de las tejas, muerta encima de ellas, doblada, cercenada. Vimos el paisaje gris. Las partes de los cuerpos. Un sofá sobre el que estaba un perro ladrando. Niños llorando. Y sin aviso, una avioneta.

—Alfonso, nos van a rescatar -le dije.

En ese momento comenzó un correo humano apenas se fue la avioneta que era la de Luis Rivera, quien avisó de la avalancha por Caracol. Ese correo era más o menos así: "Aquí estoy yo, Alfonso tal".

Y alguien por allá. "Papá, acá estoy yo". Y así.

Alfonso, mediante ese método, encontró a su familia. Entonces le pedí que gritara por mí. Pasaron los minutos. Nada de respuesta. Bueno, pensé, no quedó nadie.

Como a las nueve de la mañana le dije a Alfonso:

—Venga, usted ya encontró a su familia, váyase con ellos, y cuando pueda se devuelve y me saca.

El lodo nos tapaba las piernas ahí sentados.

—No doc, yo no lo dejo acá. Yo no me voy -me contestó.

—Váyase hombre, váyase.

—No, solo no lo dejo.

En eso se levantó a seguir gritándole a su familia y pin, lo empujé.

—Lárguese -le grité. Y traiga a alguien que me ayude.

Alfonso se recuperó y comenzó a saltar entre el lodo, de escombro en escombro y lo vi alejarse. Estaba intacto, no tenía ni un raspón. Se fue yendo en el horizonte.

En eso, la señora que estaba en frente mío, se volvió a quejar. De inmediato miré hacia el frente, hacia donde se había ido Alfonso y vi a un tipo caminando hacia nosotros. Traía un lazo. Y un machete.

—China, -le dije a la señora. Nos van a sacar, tranquila. Aguante, aguante. El tipo se demoraba. Una niña, detrás de mí, comenzó a gritar:

—Ayúdeme, ayúdeme, sáquenme de acá, mañana tengo examen de matemáticas, yo soy del colegio Americano.

El tipo se acercaba más y más. Yo pensé: ah, por fin Alfonso me mandó a alguien. Sin embargo, cuando lo pude ver mejor, me espanté. Lo que estaba haciendo era sacar los cadáveres y quitarles todo lo que tuvieran de valor. Al fin llegó hasta donde yo estaba.

—Uy hermano -le dije. Al fin vinieron a sacarme.

—Cuál sacarlo hijueputa.

Me mandó la mano a la cadena y me rasgó.

—Fresco, fresco -le grité. Tenga -le di el reloj. Qué más quiere.

—La argolla.

—Tome — y sentí que me la arrancaba con las manos. Tome, pero sáqueme — volví a gritarle.

—Cuál sáqueme, muérase hijueputa, un muerto más.

¿Qué mundo es este? ¿Qué mundo es éste? De pronto la niña comenzó a gritar más fuerte. Se estaba ahogando. Comencé a gritarle:

—Señor, señor, saque a la niña, sálvela. No volteó.

La niña se murió ahogada.

A ese señor me lo encontré después. Tres meses después yo estaba en Resurgir, en Ibagué, haciendo fila. Cuando veo que el señor de adelante mira la hora, y le veo el reloj y era el mío. Le mandé la mano. Si tengo un revolver en ese momento hago una locura. Después no, pero en ese momento le dije:

- ¡Usted qué hace con ese reloj! ¡Qué hace! Mire y verá que ese reloj está marcado por detrás con mi nombre. Usted es un hijueputa. Usted dejó morir una niña, usted es un pícaro que me atracó estando metido en el barro.

Le quité el reloj. El tipo salió corriendo. Alcancé a coger los datos que había llenado en el formulario. Jamás hice nada. Me lo encontré varias veces en Lérida. Hasta que lo mataron en una pelea de borrachos.

Al rato veo otro tipo que se viene hacia nosotros. ¿Y ahora?, pensé, ¿Qué más nos van a robar? Cuando estuvo cerca nos miró.

—Soy empleado de don César Castro –dijo. Y vengo por ese perro que está ahí en ese sofá.

Cogió el perro y se fue.

El ser humano es eso. No el colombiano, como dicen. Todos los seres humanos son capaces de lo peor en situaciones de catástrofe.

Nos quedamos ahí. A las once de la mañana comencé a pensar: ¿Y qué tal que venga otra avalancha y nos toque aquí?

—China, china –le dije a la mujer. Salgamos de acá, salgamos. La mujer no respondía. ¿Y si me hundía en el lodo?

—Doctor, usted verá. Yo no puedo mover nada,— me dijo al rato. Al fin me decidí. Tenía herida una mano. No la podía mover casi. Cuando me metí me hundí. Comencé a sentir un maremágnum de chuzos. Algo me rajó la sentadera. A diez metros había un comprensor volteado y unas tablas pegadas. A treinta o cuarenta estaba la tierra firme. Tengo que llegar hasta allá, me decía, tengo que poder. Si cojo las tablas salgo de esta. Me arrastré, una y otra vez, hasta llegar a las tablas. La mano me dolía mucho. La señora se quedó atrás. La miré. Ya no decía nada. Le dije:

—China, ya llegué hasta acá, empújese dentro del barro.

—Doctor no puedo, no tengo aliento.

—Véngase pa'cá.

—No puedo, yo me voy a morir.

—Pues todos nos vamos a morir algún día. Venga, venga.

—No puedo, no puedo. ¡No puedo!

Estaba bocabajo. Sus brazos salieron del lodo. Se puso las manos en la cabeza y se hundió ella misma. Me boté a cogerla. No pude. Se ahogó ella misma. No pude hacer nada.

Si esta vieja verraca pudo,   pensé, si tuvo el valor para dejar de sufrir, yo tengo que poder. Lo que ella hizo me dio el motor para salir adelante.

La meta mía entonces era coger la tabla, echarla adelante y coger la otra y hacer lo mismo como un camino. Pero la mano no me respondía. La intenté mover y sonaba fracturada. ¿Qué hago? Necesitaba poner la mano en posición de agarre. Con la otra, me la puse encima y tras, descargué sobre el hueso: crac, sonó esa vaina. Se me fueron las luces. Cuando se me pasó el dolor me paré en la primera tabla. Pun, una puntilla se me clavó en la planta del pie. Qué importa, me dije. Ya tengo que salir de acá, tengo que poder. Hasta mejor, grité, así no me resbalo. Por fin llegué a unos bultos de café. Me quité la tabla. Me paré en el primero y me resbalé. Al reincorporarme, pude saltar sobre los otros bultos, parándome justo en el centro. Listo, estaba a punto de llegar a tierra firme. Listo, me salvé, fue lo que pensé. Antes de llegar a la tierra vi decenas de cadáveres. Todos grises. Eran como máscaras. Me senté ahí. Exhausto. Cuando escuché: "¡Ahí viene la otra avalancha!".

—No sea güevón -grité. Toda la mañana en estas y ahora se viene la avalancha otra vez, pensé.

Pasaron como cinco minutos en los cuales yo esperaba el lodo. Pero nada. Ah, me dije, ya perdí cinco minutos, si me hubiera afanado, ya habría podido llegar a la tierra. Me metí y arranqué a correr. Empujé los cadáveres con mis piernas. Me paré sobre ellos. Experimenté la sensación más inmunda que haya podido sentir. El frío de la muerte.

¡Hijueputa, llegué a tierra!

Vi una casa hundida. Corrí hacia ella y me trepé al tejado. Cuando llegué a la bajante me lancé como en un rodadero. Caí de rabo en un pastizal. Suaz, sentí otro quemón y me miré los pies. Me había bajado un dedo. Alguna teja me lo mochó. No me importó. Era tal mi ansiedad que salí corriendo. Trepé una colina y del otro lado me encontré una escena como la de un leprocomio o un campo de concentración. Una cantidad de gente con la mirada perdida acurrucados en la cocina de una casa campesina. Todos sentados.

Era una mirada vacía, inexpresiva, sin sentimientos. Me dolió el pie. Les dije que me ayudarán a subir más, hasta donde estaban ellos. Solo se oía: ay, ay, ay. Una muchacha sentada, calladita, alzaba la cabeza y el cuero cabelludo se le iba hacia atrás, como una peluca. Comenzó a llover. Pude llegar por fin. Me senté al lado de ellos. El frío era tremendo. Tenía sed. Ya iba a ser la una de la tarde. Esperé como veinte minutos. Luego me levanté y seguí subiendo otra colina, hacia el cementerio de Armero. Cuando alcancé la cumbre volví a ver colores. Pasé de una película blanco y negro a una tecnicolor. Y cuando atravesé la colina, encontré una calle y una tienda abierta. No había nadie. Entré a la tienda, en bola, cojeando. Cuando entré vi que había una vitrina llena de liberales. Abrí varias gaseosas y me puse a comer bizcocho con gaseosa. Como cinco me empaqué. Miré la trastienda y vi una cama. Uy, dije, me voy a recostar a recuperar energía. Cogí una sábana verde clarito, me tapé, y me dormí.

Escuché un ruido:

—Tío, tío, tío, aquí hay un güevón escondido, entre la cama.

—Mate a ese hijueputa sapo -gritó alguien desde fuera.

Saqué la cabeza, vi el cañón de un revolver apuntándome. Les grité:

—No, no, no.

—Mate a ese hijueputa -insistió el otro.

Me puse a llorar. A rogarles que no me hicieran nada. Ellos estaban robando y lo que les preocupaba era que yo los delatara.

—No me mate, yo no he hecho nada, yo qué voy a sapear. En ese momento entró el que estaba afuera. Lo miré.

—Yo a usted lo conozco — le dije.

—¿Usted quién es?

—El doctor Gaitán.

—¿Usted qué hace aquí?

—No, de paseo güevón, mire cómo estoy.

—Uy doctor, usted me operó, yo le debo una. Fresco doctor. Quite diai, quite chino que el doctor es buena gente. Fresco doctor, ya vengo por usted. Espéreme tantico.

Apenas salieron, me fui a parar, y tun, me caí. No pude caminar. Me arrastré debajo de la cama. Me quedaban los pies por fuera. Pensé: ahora vuelven y me pegan un tiro.

A los quince minutos regresaron.

—Venga doc, no se esconda -me dijo al que conocía jalándome de los pies. Párese, párese, camine yo lo llevo adonde están los helicópteros. Pero donde me llegue a sapiar lo quiebro.

—Tranquilo chino -le dije.

El tipo me empujó hasta afuera. Caminé despacito. Me llevó hasta una alambrada. Cuando pasé me dijo:

—¿Si puede mi doctor? -viendo los helicópteros del otro lado.

—Fresco, sí, sí puedo.

Ahí me tomaron una foto que salió en El Colombiano y que después alguien me mandó. Aparezco tapado con el chiro verde y el bluyín entre el tórax y el brazo. Eso era el mierdero más macho del mundo. Nadie me paraba bolas entre todos esos heridos. Cuando de pronto se me acercó Alfonso Peñalosa, un ganadero conocido del pueblo y le pregunté si había visto a mi familia. Él estaba buscando a la suya. "No Juan, ni idea", me dijo. Y se fue.

¿Y ahora qué hacía para subirme en el helicóptero?, pensé. Yo soy oficial retirado de la

Fuerza Aérea. Así que les grité: Soy oficial.

—Uy hermano, aquí hay un compañero, venga.

Me montaron al helicóptero. No podía creer como se veía todo abajo. Seguía preguntándome qué era lo que estaba viviendo. Nos bajaron en Mariquita. Empecé a escuchar gritos.

—Lávelos, lávelos con manguera -decían.

—No sean güevones -les grité. ¿Acaso somos vacas o qué?

—Manguera, manguera.

—No, pónganos algo, yo soy médico.

—Ah, ¿usted es médico?

Me sacaron del grupo. Me lavaron como a un ser humano y al rato me dijeron:

—Doctor, se va para Bogotá.

—No —les dije. Yo no me voy.

—Que se va.

—No, mi familia, mi familia.

Me subieron a la fuerza en una camilla. Llegamos al aeropuerto. Nos subieron a un avión. Nos abrazamos unos con otros entre los heridos para calentarnos. Cuando llegamos a Catam, a las cuatro de la tarde, una turba de periodistas se puso en frente del avión a tomar fotos.

—Venga, pero ayúdenos a bajar -les grité. Mandé una patada.

—Qué pena, qué pena -dijo un periodista.

Nos subieron a una ambulancia. Bueno, pensé, me salvé. Cuando oigo al conductor preguntándome:

—¿A dónde quiere que lo lleve?

—Yo qué voy a saber. Pero pues lléveme a la San Rafael.

A las seis de la tarde llegué a la clínica. Fui el primero que llegó. Los médicos no sabían qué era lo que había pasado. No sabían qué tipo de traumas eran. Si era por calor, por lava, por qué. No había información de ninguna clase. Y lo mismo otra vez. Una hora ahí en un corredor hasta que tuve que decir que era médico para que me atendieran.

Me subieron a cirugía. Cuando desperté, al siguiente día, el 15, yo no sabía en dónde estaba. Sólo vi una cara que me decía: "denos un número pasa avisar de usted".

Juan Antonio Gaitán duró hospitalizado varias semanas sin saber muy bien qué era lo que había pasado. El viernes 15 de noviembre apareció un amigo gracias a un número que recordó en medio del estupor. Hacía cinco años no vivía en Colombia y había llegado para ver nacer su primer hijo. El sábado 15 lo subieron a un cuarto para él solo. Allí comenzó a hacer un duelo que no podía comprender. Su brazo estaba engangrenado. Ese mismo sábado, en una radio que había dejado alguien encendida escuchó la voz de Juan Gossaín, director de Radio Sucesos RCN, decir lo siguiente:

—En este momento es evacuada la señora Marion Kemper de Gaitán con su hijo recién nacido, varón, es A+, favor tener a mano la ampolla de Rhesuman.

En efecto, él es A+, Marion, su esposa A-, y sabían que su hijo podía ser A+ y en consecuencia habría que ponerle el Rhesuman para bloquear la respuesta inmune por incompatibilidad de grupo. Él pensó que ella se había salvado. Nadie podía tener esa información de primera mano. Ese mismo día su hermano lo encontró en el hospital. Luis Gaitán la buscó en Lérida. Nunca apareció. Ese sábado hubo tres partos en Lérida. El único que no apareció fue el del doctor Gaitán. Con el tiempo, un amigo suyo, le contó que él había estado con Marion cuando iba a tener el bebé, pero que lo sacaron de la carpa cuando iba a comenzar el parto.

Hoy, veinticinco años después, Juan Antonio no ha podido saber de ellos. Su teoría o mejor su esperanza es que si su bebé está vivo hoy, y es un hombre de esa edad, ojalá haya podido tener una buena vida. Marion, a lo mejor, murió después de que fue transmitida esa noticia y yace en alguna de los cientos de fosas comunes que hay en Armero. Quizá eso es lo más probable. Una mujer de 1.85 de estatura, mona, que sólo hablaba alemán, era mucho más factible de encontrar por su tipología. Aunque, como me dice Juan, "en ese momento no era nada de eso, era gris".

Juan Antonio vivió dos años buscándola por todas partes. Cuando salió del hospital, apenas si tenía con qué vivir. A los dos años recordó que su padre le decía que uno a todo el mundo lo acompaña "hasta el hueco pero nunca se entierra con ellos". Cuando no pudo más, después de haber sufrido el rechazo hasta en la propia Universidad Javeriana de donde se graduó y en donde no le dieron trabajo, acudió a la embajada de Alemania en Colombia, que le ayudó consiguiendo un empleo en Girardot. En esa época decidió que debía ir hasta Alemania, pues su última teoría le decía que su mujer, Marion, podía haberse ido del país sin querer saber nada de él debido al trauma.

"Los acompañé, los busqué. Fui a todas partes. Le pregunté hasta a Juan Gossaín, que me dijo que él sólo leía papelitos que le pasaban. Mi amigo, el hijo de Noelito Díaz, me aseguró muchas veces que él la había visto en esa carpa. No sabía qué hacer. Hasta que me enteré de que un telegrama sin firma le había llegado a su familia en Dresde, diciendo que ella había sobrevivido. Así que tomé la decisión de ir de incógnito a Alemania. Llegué a Dresde a la una de la mañana, una hora en la cual yo suponía que, de estar viva, podría encontrármela.

"Me senté en la sala a hablar con sus padres hasta las seis de la mañana. Les conté cómo había sido todo. Puse la cara. A las siete de la mañana, me despedí y ese mismo día regresé a Colombia. La mamá de Marion, la primera vez que salimos de Alemania, me había dicho lo siguiente: "Mire Juan, yo a usted lo quiero mucho, pero ojalá nunca lo tenga que odiar, porque tengo el presentimiento de que nunca más voy a volver a ver a Marion".

—¿Se acuerda de lo que le dije, Juan? — me preguntó ese día de 1988 cuando salí de su casa.

—Sí —le contesté — y nunca más los volví a ver.

*

El 27 de diciembre de 2009, veintitrés años después de no haber regresado a Armero, mi madre volvió a pasar por la carretera vieja de Cambao, y descubrió, no sin horror, que nada de lo que recordaba existía. Quizá la memoria le había jugado una mala pasada y ella esperaba encontrar alguna señal de lo que recordaba. Durante todo el viaje que hicimos para pasar el año nuevo en Mariquita ella no paró de hablar de recuerdos sueltos. Cada tanto me decía que se le aceleraba el corazón de llegar hasta la Y, el punto en el que la carretera se abre en dos, una que conduce a Honda y la otra a Ibagué. Tres horas después ella ya me había relatado, parcialmente, el viaje que hicieron con mi tío el 14 de noviembre de 1985 cuando se acabó el pueblo. Tres horas después de haber salido de Bogotá, yo seguía sin tener claro qué hacer con mi presunto relato, el esbozo de novela o lo que fueran esas palabras puestas allí desde hacía años y que querían ser un homenaje a mis abuelos. Un homenaje como el que nadie les hizo a los miles que aún deambulan por el mundo sin saber por qué Armero se ha convertido en potrero en el que pastan las reses de los latifundios vecinos, en escenario de las guerras paramilitares de finales de los noventa y comienzos de siglo, por qué su pueblo y la promesa de hacer allí un resguardo natural, o parque a la vida se quedó en eso, es decir, en nada.

Al llegar al kilómetro 96, mi mamá se cogió la cabeza. Atravesamos en silencio la larga recta. Me pidió que fuera más despacio. Nuestro plan no era detenernos ese día sino ir a Armero, unos días después cuando nos hubiéramos instalado en Mariquita. Comencé a oír: "no lo puedo creer, no lo puedo creer, no queda nada, esto no era así, qué fue lo que pasó". Vimos la última planta del Hospital San Lorenzo. Las otras dos están enterradas. Vimos las celosías y recordé las de la casa de mis abuelos. Tenían la misma forma romboide. Al hospital se lo está devorando la selva. La vegetación iba haciendo lo suyo. La construcción no aguantará mucho más. A lo mejor en unos cuantos años, alguien entre al monte y verá las ruinas entre las cuales habitaron alguna vez los enfermos de Armero. En uno de los muros se leía: "Prohibido demoler las ruinas. Alcaldía Local". Pasamos de

largo la valla que anunciaba Armero, Parque a la vida, 2004-2007.
Mi mamá se quedó en silencio. Llegamos a Mariquita y me dijo que
paráramos a tomarnos un jugo en una frutería, al lado de la fábrica de
gaseosas Glacial, adonde le gustaba ir a mi abuelo.

Durante cuatro días mi mamá me dijo una y otra vez lo extraño
que le parecía que estuviéramos en Mariquita pasando un año nuevo.
Era algo que alguna vez prometió no volver a hacer. Durante muchos
años los recuerdos de las fiestas de fin de año, el club Campestre, su
mamá, sus amigos, el pueblo, eran como fantasmas que la visitaban
y le hacían la vida triste. Pero ahora estábamos allí. A tan solo unos
kilómetros de donde había nacido, cincuenta y ocho años atrás, y era
como si el círculo comenzara a cerrarse. El 2 de enero de 2010 nos
preparamos desde temprano para ir a Armero. Después de almuerzo,
mi hermano Daniel, ella y yo, nos subimos al carro. Media hora
después, como hacia las cuatro de la tarde, llegamos a la entrada
del pueblo. Una trocha polvorienta conduce a lo que alguna vez
fue el parque o plaza principal. Ahí mataron al cura Ramírez; en el
costado de esa plaza mi abuelo jugaba parqués; en el almacén Yep
mi abuela nos compraba juguetes. Al bajarnos del carro intenté
hacer un ejercicio de imaginación ante la evidencia de que más allá
de los carritos de paletas, un asta con unas banderas, un atrio en el
que alguna vez se dieron discursos, había existido algo. Los jejenes
picaban en medio de la espesa vegetación. La humedad se pegaba
a la piel. Comenzamos a caminar hacia donde mi madre creía que
alguna vez había estado su casa. A lado y lado de los caminos de
tierra, cuando los había, se avistaban ruinas y paredes pintadas con
leyendas. Eran trazos irregulares, muchos de ellos invocaban a Dios y

recordaban, de manera exaltada, aquél 13. Me llamó la atención una leyenda de Luz García, la enfermera: "Buscaron luz debajo de un árbol y descubrieron el esqueleto de un policía, metido entre un desteñido uniforme. Tal vez murió custodiando la soledad y el silencio, la luz y la oscuridad". Anduvimos entre la maleza como media hora. Mi mamá juraba que cuando ella había ido, en 1987, aún se podían ver las baldosas del corredor de entrada de su casa. Tratamos de limpiar con la suela de los zapatos la tierra a ver si encontrábamos algún rastro. No había nada. Cuando comenzó a hacerse imposible el piquete de los moscos y la humedad, decidimos que una de las mangas, sobre la que habíamos dado vueltas una y otra vez, era el lugar en el cual alguna vez mi abuelo había construido su casa en los años setenta. Nos abrazamos. Nos quedamos en silencio. Mi mamá lloro un poco. Mi hermano y yo aguantamos las ganas. No nos dijimos nada más.

Paseamos un rato más por la plaza hasta cuando comenzó a oscurecer. Cuando la noche cayó, nos despedimos del pueblo. Yo aún no sabía si iba a poder escribir nada. Tan sólo me rondaba el cuento con el que comenzó esta historia.

Tragedias naturales

La radio avisó que iban a dar las diez de la noche. Una canción de Agustín Lara acompañó la marcha de Luis por el corredor de baldosa, por el que iba una y otra vez después de cada comida. En la cocina aún podían oírse los trastos que Otilia enjuagaba hasta pasadas las once. Escuchó el ladrido de un perro y una planta eléctrica apagarse. Miró hacia el cielo y comprobó que seguía cayendo ceniza.

Ese día se había levantado a las nueve de la mañana. Como siempre tomó chocolate con bizcochos y leyó la prensa. Las noticias no terminaron por convencerlo de que la tragedia estuviera por sucederse. Los titulares sobre una inminente avalancha parecían anuncios ciertos de un futuro que en ese momento se le antojaba tan próximo como lejano. Recordó que el tiempo es tan relativo como inabarcable. Ahora pensaba en el tiempo como si padeciera una enfermedad terminal. La paradoja era tener todo por delante y que un día cualquiera se le anunciara que le restaban pocos meses de vida. Quedaba la opción de quitarse la vida, ahorrándose la pena de tener qué hacer en esas últimas horas.

Algo parecido le ocurría a la gente del pueblo desde que se conocieron los rumores sobre el posible desastre que ocurriría de desbordarse el río. Según decían, el problema no sería en sí mismo el desbordamiento sino la tremenda fuerza de las aguas que terminarían por llevarse el hielo y lodo de un volcán cercano. A Luis todos comenzaban a parecerle obsesivos con el tema. Desde sus hijos que lo acosaban con la idea de abandonarlo todo para salvar su vida, hasta sus amigos que desde semanas antes habían comenzado a vender, traspasar, ordenar, y agenciar su dinero a parientes cercanos en ciudades vecinas. Luis no tenía una idea cierta de la muerte. Creía, como el hombre terminal, que más valía dedicarse a vivir –o dejarlo de hacer– sin pensar mucho en ello. Por eso he terminado aquí, se dijo, en este pueblo de 30° a la sombra esperando que un río acabe conmigo.

Más temprano Otilia había salido hacia la farmacia. Luis aún dormía. Caminó dos calles desiertas. El sol la hizo sudar. Se apresuró a tomar la sombra y dos cuadras más allá entró a la farmacia. El señor Ordóñez leía la prensa recostado en el mostrador de vidrio. Lo saludó, preguntándose cuántos años hacía que lo conocía y después de pedir el laxante a base de pitahaya, tomó arrestos para pedir el veneno. Ordóñez lacónico, le alcanzó el frasco y la saludó más cordial que de costumbre. A ella no le pareció nada del otro mundo. No hizo mucho caso. Respiró algo aliviada con la sola idea de poder ir al baño después de dos días de sentir su piel abdominal tensa como la de un tambor. Regresó por el camino sombreado. Vio las motos que a esa hora salían hacia las ciudades vecinas a repartir el correo y manteniendo apretado el frasco con el veneno alcanzó a permitirse una lágrima. Hacía cuarenta años ese pueblo era su idea del mundo.

Un especialista advertía que el cráter no estaba en actividad y que lo máximo que podía esperarse era una crecida sin consecuencias graves. Luis cerró la prensa, dio una caminata por los corredores de la casona. Miró a los dos gatos sentados sobre la tapia vecina y fue hasta el baño. Tomó una ducha larga. Se vistió con calma preguntándose si de verdad ese sería su último día. Pensó en sus hijos. Después de calzarse se asomó a la verja aspirando el aire caliente de la mañana y en un rapto de optimismo se dijo que mejor sería olvidar toda aquella reflexión. Luego, se sentó en la biblioteca ojeó algo y contempló sus libros hasta quedar en un duermevela del que salió cuando Otilia le ofreció una limonada con panela. Abrió los ojos y examinó sus manos. ¿Hace cuanto que no las tocaba?

Después del almuerzo, Luis volvió a dar el paseo y después de la siesta salió hacia la plaza principal. Una voz lo detuvo. "Don Luis, ¿oyó las últimas noticias?". "Que ya no se nos cae el pueblo", respondió como si tratara de convencerse de que las lluvias sucesivas de ceniza no eran sino un gesto habitual de la naturaleza. Siguió hasta el Café Hawai donde se sentó en la mesa de siempre. Hizo un ademán con la cabeza al hombre que organizaba las fichas de parqués. Había otros hombres sentados que se hacían lustrar por un hombre con voz de una radio de otro tiempo. Luis quiso aislarse pero los ecos de la conversación terminaron por imponerle el tema de nuevo. "La ceniza no para. Seguro no pasa nada. No haga caso hombre. La naturaleza es sabia y no acaba con las cosas fértiles, sino piense en cuantas... Si no para es buen signo". Cuando deje de caer se nos viene el río encima, pensó Luis.

Otilia lavó la loza pensando en el veneno guardado en la alacena.

Alguien tiró el primer dado para elegir quién salía. Luis sacó un seis contundente. Jugaron durante dos horas arrullados con la música de un carro de paletas que no paró de darle vueltas a la plaza. Se sentía un silencio difícil que sólo era interrumpido por el golpe de las fichas y los dados cayendo sobre el vidrio. A la tercera ronda Luis paró. Dijo que no se sentía bien y que prefería regresar temprano a la casa. Se levantó, pagó los dos cafés que se había tomado y con los brazos cruzados en la espalda volvió por el mismo camino.

Otilia pasó toda la tarde diciéndose que era lo mejor que podía hacer. Pensó en la profecía de dos meses atrás cuando había preguntado por el pueblo. Estaba en Bogotá, de paso, comprándole la ropa de la primera comunión a su nieto y vio el letrero en uno de los edificios del barrio Restrepo. "Se lee el futuro". Al día siguiente tomó un taxi y pagó los mil pesos de la consulta. Preguntó primero por la salud de sus hijos. Se le ocurrió preguntar si sus nietos tendrían éxito en la vida. Después de un buen rato de noticias positivas la mujer petrificada le anunció lo que ya sabía.

Luis se reclinó en la mecedora del jardín. Recordó el día en que había llegado al pueblo y sintió una punzada en el corazón. De eso hacía cuarenta años. Desde entonces no había salido mucho. Tenía ochenta años, el pelo blanco, y tres hijos a los que veía de vez en cuando. Tenía a Otilia, y un par de amigos con los que jugaba parqués en las tardes. Tenía una vida, una biblioteca y la sensación de que todo había pasado demasiado pronto. A las siete se sentó a la mesa con certeza de que las horas ya eran pocas. Otilia preparó el narcótico antes de que Luis se sentara a la mesa. Era una infusión espesa que trató de volver líquida cociéndola con agua una y otra vez. Fue a sentarse y después de comerse dos arepas lo alcanzó con la mirada. Vieron un rato televisión en silencio. Luis pensó en que los finales no necesitaban de palabras. Ocurrían y ya. No había porqué pedir explicaciones, ni firmar papeles. No había que planear nada ante la inminencia del paso del tiempo. Cada vez que finalizaba un programa pensaba en que esta sería la última vez que lo vería.

A las diez de la noche mientras Otilia fregaba la loza y la voz de Agustín Lara cantaba "acuérdate de Acapulco Otilia Bonita", Luis pasó la mano sobre el capó del carro y sintió el corazón al borde del colapso. La ceniza le cubrió toda la palma de la mano. Pensó en todo lo que sucedería si no fuera una falsa alarma. Pondría sus cuentas en orden, le diría a Otilia que hicieran un viaje, construiría una piscina y dejaría de dormir tanto para aprovechar los últimos años de su vida.

Regresó al cuarto sudando frío, con los ojos inyectados de sangre por el espanto del grito de la tierra que a esa hora ya había comenzado a despeñarse. El volcán hacía rato que estaba en actividad. Se puso resuelto la pijama y le pidió a Otilia que le trajera algo para la sed. "Si no se siente bien, le traigo algo para que se tranquilice". "Es el volcán Otilia, el volcán se nos va a venir encima". Otilia lo calmó con un beso en la frente y bajó hasta la cocina.

Sabía que correspondía hacerlo, que se lo debía. Lloró ante la idea misma de tener que morir sola pero no había otra salida posible. Luis no soportaría una embestida de la naturaleza ni de la vida. Él era medroso y a ella la azoraba pensar que cuando se viniera el río resultara atrapado por las vigas, o enterrado vivo, o perdido mientras la corriente se lo llevaba lejos. Enloquecería seguro. Ella también si sobrevivía. Se decidió por fin gracias a un ruido profundo que hizo temblar el embaldosado de la cocina. Apuró el paso hacia el cuarto, se secó las lágrimas antes de entrar y le dio de beber a Luis que apenas tomó un par de sorbos y quedó rendido, exhalando el último aire.

Otilia cerró los ojos y se dejó ir como si estuviera flotando. Empuñó la mano de Luis. Sintió cómo iba perdiendo el cuerpo. Lánguida, pensaba en sus piernas andando hacia un lado, sus brazos sujetos a otros brazos, sus ojos contemplando por marcos de ventanas que navegaban por el lodo, sus oídos desatendiendo el rugir de las rocas contra los cuerpos. Y las manos de Luis comenzaron a desparecer, calladas, en esa última noche en que creyó verlas vivas.

Colección Énfasis

Otros títulos de esta colección:

Eco divino — Rev. Alexis Bastidas
Nadie nos enseñó a ser padres — César Landaeta
Siempre nos quedará Madrid — Enrique Del Risco

Novedades:

Retrato de un canibal — Sinar Álvarado
La luna de Fausto — Francisco Herrera Luque
www. sudaquia.net

Made in the USA
Las Vegas, NV
30 November 2024

12900451R00090